3135 | ALFA | EĞİTİM | 65

ANNE BEYNİM AÇ

DR. BAHAR ERİŞ

Dr. Bahar Eriş, çocuklarda *üstün zekâ ve yetenek eğitimi* üzerine odaklanmış bir akademisyen ve yazardır. Boğaziçi Üniversitesi Mütercim Tercümanlık Bölümünden mezun olduktan sonra Fulbright bursuyla ABD'ye gitmiştir.

1998-2004 yıllarında New York'ta, Columbia Üniversitesi'nde öğrenim görmüştür. *Üstün yetenek eğitimi* alanında yüksek lisansını tamamladıktan sonra aynı okuldan doktorasını almıştır. 6 yıllık eğitimi süresince *Teachers College*'da öğretmenlik yapmıştır.

Eriş, Türkiye'ye döndükten sonra, 10 yıl boyunca (2004-2014) *Boğaziçi Üniversitesi Eğitim Fakültesi'nde* "üstün yetenek eğitimi" konusunda dersler vermiştir. 2015-2017 yıllarında *Bahçeşehir Üniversitesi* Üstün Yetenekliler Eğitim Programı'nda *Yrd. Doç. Dr.* olarak yüksek lisans derslerine girmiştir.

2017'de uzmanları ve anneleri bir araya getiren MomTalks etkinliğini hayata geçirmiştir. Anneleri bilinçlendirmeyi amaçlayan bu organizasyon, her yıl İstanbul başta olmak üzere Türkiye'nin farklı şehirlerinde düzenlenecektir.

Alfa Yayınları'ndan çıkan *Her Çocuk Üstün Yeteneklidir* (13. baskı), *Anne Beynim Aç* (12. baskı), *Çocuklar Nasıl Başarır?* (Mümin Sekman'la) (33. baskı), *Çocuklar Nasıl Başarır 2* (15. baskı) ve *Gölgedeki Yıldızlar*'ın (5. baskı) yazarıdır. Aynı zamanda profesyonel simultane çevirmendir.

"Her çocuk en iyi eğitimi hak eder" düşüncesini savunan Eriş, her çocuğun içinde *keşfedilmeye değer biricik yetenekler olduğuna* inanmaktadır.

www.momtalks.com.tr

instagram@dr.bahareris

Anne Beynim Aç

Yayıncı ve Genel Yayın Yönetmeni M. Faruk Bayrak
Genel Müdür Vedat Bayrak
Yayın Yönetmeni Mustafa Küpüşoğlu
Kapak Tasarımı Füsun Turcan Elmasoğlu

ISBN 978-605-171-463-9

1-3. Basım: Şubat 2017
13-14. Basım: Şubat 2020

Baskı ve Cilt
Melisa Matbaacılık
Çiftehavuzlar Yolu, Acar Sanayi Sitesi, No: 8, Bayrampaşa-İstanbul
Tel: (0212) 674 97 23 Faks: (0212) 674 97 29
Sertifika no: 45099

Alfa Basım Yayım Dağıtım San. ve Tic. Ltd. Şti.
Alemdar Mahallesi, Ticarethane Sokak No: 15 34110 Cağaloğlu İstanbul
Tel: (0212) 511 53 03 Faks: (0212) 519 33 00
www.alfakitap.com - info@alfakitap.com
Sertifika no: 43949

BAHAR ERİŞ

ANNE BEYNİM AÇ

"Çocuğunuzun karnı doyuyor, ya kalbi ve beyni?"

ALFA

İnsanlar hâlâ şunu anlayamıyor:
Dünyaya çocuk getirmek sadece karnını doyurmak değil,
zihnini de eğitmektir. Aksini düşünmek, hem zavallı çocuğa
hem de topluma karşı işlenmiş bir ahlak suçudur.
John Stuart Mill

Dünyanın en tatlı yeğenleri,
Zeynep ve Ali'ye...

İÇİNDEKİLER

BU KİTAP KİMLER İÇİN?

Bir çift, çocuk sahibi olmadan önce, bir yıl boyunca kendi içine derinlemesine bakmalı, sevgi dolu konuşmalar ve derin dinleme provaları yapmalı, birbirleriyle ve çocuklarıyla keyifli bir ilişki sürmelerini sağlayacak diğer uygulamaları öğrenmelidir. Dünyaya yeni bir hayat getirmek, ciddi bir iştir. Bir yıllık bir içe bakış ve hazırlık dönemi çok uzun değildir. Doktorlar ve terapistler, lisanslarına kavuşmak için on yıllık mesai harcıyorlar. Ancak yeterli hazırlığı veya eğitimi olmayan herkes anne baba olabiliyor. Anne babalar, çocuklarına mutluluk, barış ve neşe tohumlarını nasıl ekeceklerini öğrenebilir.

Thich Nhat Hanh, *How to Love*

Yeni doğan bir bebekle birlikte anneye üçlü bir "endişe paketi" de bonus olarak gelir: *Çocuğumun karnı aç mı? Üşüyor mu? Tehlikede mi?*

Bu yazıyı yazarken annem aradı: "*Gıdanı ihmal etme yavrum! Gece yatarken de üstünü ört, havalar soğumaya başladı. Yatarken kapını sıkı sıkıya kilitlemeyi unutma!*"

Kapıyı "gevşek kilitleme" nasıl oluyor bilmiyorum ama şunu çok iyi biliyorum; *yaşın kaç olursa olsun, annen annendir!* Israrlı sorularına karşı yanıt olarak da tek seçeneğin vardır: "*Peki anne!*"

Anneyle çocuk arasında, doğumla birlikte, çok özel bir ilişki başlar. Babalar alınmasın. Onların da hakkı ödenmez. Çocuğun mutlu ve sağlıklı bir birey olarak yetişmesi, anne babanın uyum içinde davranmasıyla yakından ilişkilidir. Çocukla ilgili kararları birlikte alan, iş yükünü paylaşan, çocuk karşısında tutarlı hareket eden, sevgi ve saygı konusunda örnek olan anne baba, çocuğun hayatında çok olumlu etkiye sahiptir.

Maalesef her çocuk aynı koşullara sahip değildir. Bazı ailelerde tek ebeveyn vardır. Çocuğuna hem anne hem de baba olan anneler vardır. Annenin yokluğunda çocuğuna annelik yapan babalar vardır. Her ikisinin yokluğunda çocuğa annelik babalık eden aile çevresi vardır. Bazen terk edilmiş çocuğun sorumluluğunu üstlenen ve ona annelik eden bir hayvan bile olabilir.

Bununla birlikte, genel anlamda, fedakârlık deyince akla ilk gelen annedir. Türk annesinin fedakârlık ve sevgi kapasitesi tartışılmaz. Olimpiyatlarda "anneler arası sevgi ve özveri yarışması" yapılsa, şampiyonluğu kimseye kaptırmayız, hem de dopingsiz! Türk annesi yemez yedirir, içmez içirir, giymez giydirir. "Saçını süpürge etmek" gibi bir deyim başka kültürlerde var mıdır acaba? Annelerimize sevgimiz ve saygımız sonsuz. Fedakârlık konusunda hakları ödenemez.

Peki fedakârlık *neye yetmez*? Bu iyi niyetli özverinin çocuğa yan etkileri nelerdir?

İşin bu boyutunu pek düşündüğümüz söylenemez.

Beslenmesi gereken 3K

Çoğu anne-baba, çocuğunu neredeyse bir ömür *kendi ayakları üzerine taşımaya* gönüllüdür. Bazı aileler ise, çocuklarını *kendi ayakları üzerinde durmaya* teşvik ederler. Çağımıza en uyan yaklaşım ise, *kendi aklı üzerinde durabilen* çocuklar yetiştirmektir.

Kendi aklı üzerinde duran bir çocuk yetiştirmek için de 3 K'yı düzenli ve bilinçli bir şekilde beslemek gerekir. Çocuğun *karnı, kalbi, kafası!* Çocuğun karnı *yiyecekle*, kalbi *sevgiyle*, kafası *bilgiyle* beslenir. Karnı doyan ama kalbi aç çocukları zor bir hayat bekler. Sevgi eksikliği, sonradan telafi edilmesi zor sorunlara yol açabilir.

Bazı çocukların karnı ve kalbi toktur ama beyni açtır. Beyni *yeterince beslenmemiş* ya da *yanlış beslenmiş* çocuklar, hayatlarını kendi akıllarıyla kontrol edemezler. Beynin işlevleri olan konsantrasyon, motivasyon, irade gücü, hafıza ve duygusal denge gibi alanlarda sorun yaşarlar. Beyinlerinde çarpık kentleşmiş semtler gibi, çarpık bağlantılar oluşmuştur.

Bu sonuç kaçınılmaz bir kader değil, "kullanıcı hatası"dır. Yetersiz ve yanlış bilgiden kaynaklanır. İyi haber şu ki, beynimiz "nöroplastik" yapıdadır, yani *yaşadıkça yeniden şekillendirilebilir.*

Göbek bağı, kalp bağı, beyin bağı

Buradan, temel tezime geleyim. Anne babayla çocuk arasındaki bağlanmayı üç katman halinde düşünebiliriz; *göbek bağı, kalp bağı, beyin bağı.*

1. *Göbek bağı*, fiziksel zorunluluklara dayalıdır. Doğmadan oluşur, doğumla kopar, ekonomik bağımsızlıkla tamamen biter!
2. *Kalp bağı,* duygulara dayalıdır. Göbek bağından daha güçlüdür. Doğumla başlar, genellikle ergenlikte sarsıntı geçirir ve bazen fiziksel olarak gözden uzaklaşmakla zayıflayabilir.
3. *Beyin bağı,* algılara dayalıdır. En geç oluşan ve en zor kopan bağdır. Uzaktan da etkisi güçlüdür. Kendi kendine yetebilen, düşünebilen, düşünce kalkabilen, ailesine bağlı olan ama bağımlı olmayan çocuk yetiştirmek demektir.

Çocuğunuzla beyin bağınız ne kadar güçlü?

Çocuğunuzun beyniyle kurduğunuz bağ kritik önemdedir ve onun iç dünyasını belirler. Çocuklarınızın beyniyle siz bağ kurmazsanız, bunu başkaları yapar.

Beyin bağlarını ne kadar erken dönemde kurarsanız, o kadar kalıcı olur. Beyin gelişimi hayat boyu sürse de, özellikle ergenliğe kadar olan dönem, *beyindeki kalıcı bağlantıların yoğun olarak kurulduğu* zamandır. Çocukken kurulan güçlü beyin bağları, ergenliğin fırtınalı günlerini de daha az hasarla atlatmayı sağlar.

Çocukla beyin bağı kurmayı sadece öğretmenin görevi olarak düşünmek, önemli fırsat pencerelerini kaçırmakla sonuçlanabilir. Birçok bilge insanın dediği gibi, *aile çocuğun mezun olduğu ilk okuldur.*

Bu kitapta amacım, çocuğunuzun beyniyle güçlü ve anlamlı bağlar kurmanızı sağlamak. Size derinden *bağlı olan ama bağımlı olmayan*, kendi ayakları üzerinde durabilen bir insan yetiştirmenize yardım etmek. Bedenini sağlıklı beslemeye çalıştığınız kadar, beynini de sağlıklı beslemeyi öğretmek.

Çocuğunuzun beyniyle güçlü bağlar kurmanın ilk adımı, *onun beyninin nasıl çalıştığını* anlamaktır. İkinci adım, *kendi düşünme biçiminizle onun düşünme biçimini arasında bir uyum yakalamaktır.* Çocuğunuzun entelektüel gelişimi için gerekli olan bilgileri, onun beyin yapısına uygun bir şekilde verebilirseniz, aranızda mesafeler açıldıkça kopmayan bir bağ oluşacaktır.

Birbirine bağlı, ama birbirine bağımlı olmayan konular

Bu kitapta iki anlamda "kendini kanıtlamış" yazılar bulacaksınız. Birincisi, kitapta akademik araştırmalarla desteklenmiş fikirler yer alıyor. İkincisi, yayımlandığında en çok ilgi çeken makalelerimden oluşuyor. Kitap bilimsel verilere dayanıyor ama akademik dilden uzak duruyor. Anlaşılır bir dille, uygulanabilir çözümler sunmaya özen gösteriyor.

Kitabın başlıca konuları; farklı anne babalık uygulamaları, beynin çalışma ilkeleri, mutlu ve başarılı çocuk

yetiştirme yöntemleri ve çocuk eğitiminde yeni yaklaşımlar. Kitabı istediğiniz yerden açıp okumaya başlayabilirsiniz. Makaleler birbirine *bağlılar ama bağımlı değiller!*

Okurken, yeni şeyler öğrenmenizi, bildiklerinize farklı bir açıdan bakmanızı, unuttuğunuz bazı değerleri hatırlamanızı ve güzel vakit geçirmenizi umuyorum.

Çocuğunuzun ruhuna mutluluk, barış ve neşe tohumları ekin.

Kalbini sevgiyle, beynini bilgiyle besleyin.

Karnının tok olduğuna ise zaten eminiz!

Dr. Bahar Eriş

GÖBEK BAĞINDAN KALP BAĞINA

Hamileliğin yaklaşık beşinci haftasında, anneyle bebek arasında yaşamsal bir kordon oluşur. Buna *göbek kordonu* ya da *göbek bağı* denir. Bebeğin hayata tutunabilmesi için, bu bağa sıkı sıkıya sarılması gerekir.

Anne karnındaki ortam dışarıdan klostrofobik görünebilir, ancak içeride bebek için her türlü konfor düşünülmüştür. Anne karnı, her türlü dış tehlikeye karşı korumalı, ısı yalıtımlı, tek odalı bir stüdyo daire gibidir. 9 aylık *rezidans* hayatının sonunda bebek, önce annesinin bedeniyle, sonra da göbek bağıyla vedalaşır. Göbek bağı büyük olasılıkla iyi bir üniversitede, bir ağacın dibinde gömülü olarak hayatını sürdürür!

Bebek artık her türlü tehlikenin kol gezdiği dış dünyadadır. Muhtaç olduğu kudret, annesinin asil kollarında mevcuttur!

Göbek bağından kalp bağına

Göbek bağı koptuktan sonra, anneyle bebek arasında *duygusal bağlanma* süreci başlar. Anne, hamilelikte beyinsel ve bedensel değişimler geçirerek anneliğe programlanır. Bu ilişkide hormonların rolü büyüktür. Emzirme sırasında

anne ve bebek, *oksitosin hormonu* salgılar. Oksitosin "sevgi hormonu" diye bilinir. Aradaki duygusal bağı güçlendirir.

Bu güçlü ilişkinin bir diğer maddesel mimarı da kokudur. Annenin ve bebeğin birbirinin kokusunu alması da aradaki duygusal bağı sağlamlaştırır.

Koku ve hormonlar, beyindeki *ödül merkezini* devreye sokar. Bu maddeler iki tarafı da iyi hissettirir. Anne ve bebek, bu duygusal zirveyi tekrar tekrar yaşamak ister, bu yüzden ikisi de sık sık oksitosin salgılar. Bu döngü, duygusal bağları artırarak güçlendirir.

Annenin *bebeğin gözlerine gülümseyerek bakması, ona sarılması, dokunması, konuşması, oynaması, öpmesi* duygusal bağları sağlamlaştırır. Bu davranışlar, sağlıklı beyin gelişimi için de çok önemlidir. Sağlam ve sağlıklı bir beyin gelişiminin temelinde 3S vardır dersek yanlış olmaz: *Anne sütü, anne sevgisi* ve *anne sözleri!*

Hayvanların büyüttüğü çocuklar

Anne bebek arasındaki ilişki başlangıçta, bir bağımlılık ilişkisidir. Anneye olan bağımlılık, genetik bir programdan çok, *öğrenme ve maruz kalmayla* ilgilidir.

Buna iyi bir kanıt, kendi annesini kaybettikten sonra, başka bir hayvan tarafından büyütülen yavru hayvanlardır. Kediler tarafından büyütülen köpekler, köpekler tarafından büyütülen maymunlar, doğduktan sonra önünde hareket eden ne varsa onu anne bilip peşine takılan yavru ördekler! Böyle birçok örnek saymak mümkündür.

Kaynaklar: *Top Photo Group/Rex USA* , Tere Savage

Annesini kaybeden veya annesi tarafından terk edilen insan yavrusu için de durum benzerdir. Etrafında ona annelik yapacak kim varsa, ona güvenmeye mecburdur. Tüm bebekler, müthiş bir *güven duyma kapasitesiyle* doğar, çünkü hayatta kalabilmek için güvenmekten başka seçenek yoktur.

Peki hayvanların büyüttüğü çocukların hikâyelerini hiç duydunuz mu? Evet, böyle çocuklar da var. Birisi Ugandalı John Ssebunya. John 4 yaşındayken babasının annesini öldürdüğüne tanık oldu. Dehşet içinde ormana kaçtı. 1991'de bulunana kadar maymunlar tarafından büyütüldü.

Bir başka hikâye de Arjantin'den. 2008'de Arjantin polisi, kediler tarafından büyütülmüş bir çocuk buldu. Kediler onu soğuktan korumak için üstüne çıkarak ısıtmış, kirlerini yalayarak temizlemişlerdi.

Rusya'da Andrey adındaki bir erkek çocuğu da, 3 aylıkken anne babası tarafından terk edildi. Polis onu 7 yaşındayken buldu. Terk edildikten sonra bir bekçi köpeği ona annelik etmişti. Köpeklerin büyüttüğü bir başka çocuk da, Oxana Malaya. Oxana 3 yaşındayken bir gece alkolik olan anne babası tarafından sokağa terk edildi. 1991'de, aradan 5 yıl geçtikten sonra, bir köpek kulübesinde köpeklerle birlikte bulundu. Bu köpekler büyük olasılıkla hayatını kurtarmışlardı. Oxana, 30'lu yaşlarına geldiğinde yoğun tedavi ve terapilerle ancak 5 yaşındaki bir çocuk kadar konuşabiliyordu.

Hayvanlar, bazı insanlardan çok daha merhametli olabiliyor. Ancak bu merhamet her şeye yetmiyor. Okuduğunuz hikâyelerdeki çocukların hepsinin zihinsel, fiziksel ve duygusal gelişimi geri kalmıştı. Bu durum, anne bebek arasındaki iletişimin yaşamsal önemine iyi bir kanıt.

Anne bebek ilişkisi neden yaşamsal önem taşıyor?

Araştırmalara göre, bebeğin kendi kendine sakinleşmesini beklemek yerine ağlamasına tepki vermek, çocuğun vicdan duygusunun gelişmesini sağlıyor. Dokunma, stresi azaltıyor. Dürtü kontrolünü ve empatiyi artırıyor.

Anneden başka kişilerin de çocuğun bakımından sorumlu olması IQ skorunu arttırıyor. Güçlükler karşısında sebat etme kapasitesini ve empatiyi geliştiriyor. Yani anneanneli, babaanneli, dedeli, kardeşli evlerdeki bebekler bu açıdan şanslı!

Bebeklik dönemindeki bu sevgi ve güven ilişkisi, sağlıklı bir yetişkinlik dönemi için de çok önemli. İleride arkadaşlık ilişkilerinden okul başarısına, sağlık durumundan zorluklarla başa çıkmaya kadar birçok hayati beceride, hayatın ilk birkaç yılı belirleyici. İlk yıllardaki bağlanma biçimi, genetik potansiyelin olumlu ya da olumsuz yönde gelişmesini de etkiliyor.

New York Üniversitesinden uzmanlar, 1200 bebeği doğumdan itibaren izlemeye başlamış. 7 aylıktan itibaren her yıl, bebeklerin stresten nasıl etkilendiği gözlemlenmiş. Aile içinde çalkantılar ve yoksulluk gibi olayların çocukların stres düzeyini çok etkilediği görülmüş. Bu kötü haber.

İyi haberi merak ediyor musunuz?

Türk annesine muhteşem haber!

Bütün bu kötü durumlar bebekleri sadece bir durumda olumsuz etkiliyor. Sizce hangi durumda? Aileye maddi yardım yapılmadığında mı? Çocuk kötü beslendiğinde mi? Uzmanlar aileyi yönlendirmediğinde mi?

Hayır! Bebekler, sadece *anneleri ilgisizse* olumsuz etkileniyor. Annenin çocuğa sevgi ve ilgi gösterdiği durumda, olumsuz etkiler neredeyse tamamen ortadan kalkmış! Bu hem şaşırtıcı hem de rahatlatıcı bir haber, çünkü neredeyse her şeyin satılık olduğu dünyada, anne ilgisi "parayla satın alınamayan" nadir değerler arasında. Bebeğinin üstüne titreyen sevgi dolu Türk annesi için bu muhteşem bir haber!

Sağlam duygusal kökler, sevgi dolu annelerin kalbinde filizlenir. Dolayısıyla *Türk bebeği*, genellikle hayata sağlam bir duygusal başlangıç yapar.

Güvenli kollardan uçsuz bucaksız dünyaya ilk adımlar

İlk aylarda bebeğin coğrafi koordinatları, anne karnı-göğsü-kolları üçgenindedir. Burada rahat ama monoton bir yaşam devam eder. Bebeğin günün birinde "ana vatanı"ndan ayrılıp dünya vatandaşlığına adımı atması kaçınılmazdır. Bu da yaklaşık 9-10 ay civarında olur.

Bu aylarda bebek emekleyerek annesinden uzaklaşmaya, etrafı kurcalamaya, dünyayı incelemeye başlamıştır. O artık minik ve meraklı bir "zemin gezgini"dir.

Özgürce keşfe çıkmayı başaran bebek, annesine güven duyuyor demektir. Dünyayı sürünerek keşfederken, etrafı bilinmeyenlerle dolu olabilir ama bebeğe bunlar vız gelir. Ne de olsa *"kürkçü dükkânı" olan annesinin* kolları açık onu beklemektedir. Bunu yapabilen bebek, annesine *güvenli bağlanmış* demektir. Peki *güvenli bağlanma* ne demektir?

Bebeğinizle ilişkiniz güvenli mi, kaygılı mı, zayıf mı?

Bağlanma teorisinin babası psikolog John Bowlby'e göre, anne çocuk arasındaki bağlanmanın %75'i, 0-2 yaş arasında gerçekleşir. Bowlby, 3 tip bağlanmadan söz eder: *Güvenli bağlanma*, *kaygılı bağlanma* ve *kaçınmacı bağlanma*.

*Güvenli bağlanma*da, bebek annenin (ya da bağlandığı yetişkinin) yanında kendini güvende hisseder. Annenin onu korumak ve ihtiyaçlarını karşılamak için her zaman yanında olacağını bilir. Anne ayrıldığında huzursuz olur, döndüğünde neşelenir. Güvenli bağlanmış bebeğin annesi, onunla daha çok oyun oynar, ihtiyaçlarına çabuk cevap verir ve daha duyarlıdır. Çocuk çok büyük bir travma yaşamazsa, kendine güvenen, girişken bir birey olarak yetişir. Ruhsal ve fiziksel gelişiminin temelleri sağlam atılır. Sosyal ilişkileri olumlu yönde gelişir. Bütün bunlar zekâ gelişimini de destekler.

Bir araştırmada*, 12 aylıkken annelerine güvenli bağlanan ve bağlanamayan bebekler karşılaştırılmış. 12 aylıkken güvenli bağlanan bebeklerin ilkokulda arkadaş edinme becerilerinin daha yüksek olduğu bulunmuş. 16 yaşına geldiklerinde de diğer gruba göre daha güvenli arkadaşlık bağları kurabilmişler. 20'li yaşlarının başında daha başarılı romantik ilişkiler yaşadıkları tespit edilmiş.*

*Kaygılı bağlanma*da, bebeğin anneyle olan ilişkisinde tedirginlik duygusu hâkimdir. Annesine *kaygıyla bağlanmış* bebek *anasının dizinin dibinden ayrılamaz.* Annesi yanından ayrılınca çok huzursuz olur. Terk edildiğini düşünerek korkar. O yüzden çevresiyle pek ilgilenmez.

---

* Berlin, L. J., Cassidy, J., & Appleyard, K. (2008). The influence of early attachments on other relationships. In J. Cassidy & P. R. Shaver (Eds.), *Handbook of attachment: Theory, research, and clinical applications* (2nd ed.). New York: Guilford Publications.)

Anne geri dönünce de, öfkeli âşıklar gibi karmakarışık tepkiler sergiler. Aynı anda onu hem iter hem ağlar hem de ona sarılır! Bu bebek büyüdüğünde genellikle başkalarına fazla bağımlı olur. İlişkide duyguların karşılıklı olmaması onun için önemli bir endişe kaynağıdır.

*Kaçınmacı bağlanma*da ise, bebek anneyi çok umursamaz. Anneyle sevgi bağı sağlam kurulmamıştır. O yanındayken çevreyle ilgilenir, etrafta gezinir. Anne yanına gelmiş mi gitmiş mi çok da önemsemez. Bu bebeklerin yetişkinlikte duygusal ilişkilerinde de bağlanmaktan kaçınmaları çok muhtemeldir.

Güvenli bağlanan bebek, 9-10 aylık dönemde, anneden bağımsızlığını ilan eder. Evin içindeki ilk "halı-üstü bağımsızlık denemeleri", beyinsel bağımsızlığının da temellerini oluşturur. Zihinsel gelişim ve dil gelişimi, bu bağımsızlıktan beslenir. Dolayısıyla ailenin, özellikle annenin bu bağımsızlığa ne ölçüde izin verdiği, çocuğun beyin gelişimini fazlasıyla etkiler.

Kitabın girişinde çocuğumuzla aramızda göbek bağı, kalp bağı ve beyin bağı olduğundan bahsetmiştim. Göbek bağı, doğumla ortadan kalkıyordu. Peki kalp ve beyin bağı ne zamana kadar devam edebiliyor? Gönül bağı mı yoksa beyin bağı mı daha fazla sürüyor? Çocuklarımız yanımızda ve bize muhtaç değilken, onlarla olan bağımızı kuracak en güçlü araç nedir? Aileyle çocuk arasında kalp bağından daha üstün, daha derin bir bağ kurulabilir mi?

Bir sonraki yazıda bunun cevabını araştıracağız.

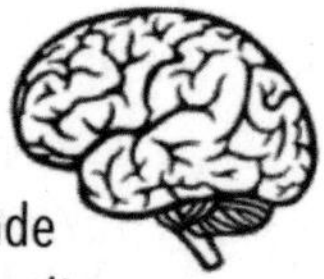

1211'de Roma İmparatoru Frederick II, bir tahminde bulunmuş: "Çocuklarla hiç konuşulmasa bile zamanı gelince kendi kendilerine konuşabilirler." Tahminini test etmek için bir deney yaptırmış. Onlarca çocuk, kendileriyle kesinlikle konuşmama emri alan hemşireler tarafından büyütülmüş.
Sonucu merak ediyor musunuz?
Sizce de çocuklarla hiç konuşmasanız bile konuşmayı kendi kendilerine öğrenirler mi?
Sonuç maalesef hüsran olmuş. Çocuklar asla konuşmayı öğrenemedikleri gibi, hepsi küçük yaşta ölmüş.
Aynı şekilde, II. Dünya Savaşında, personel yetersizliği olan yetimhanelerde büyüyen çocuklar, fiziksel ve duygusal ihmalden ölmüşler. Hayatta kalanlar da, ciddi psikolojik hasarla büyümüşler.
Dil gelişimi hem beyin gelişimiyle hem de çocuğun genel gelişimiyle çok yakından bağlantılı. Hikâyelerin de gösterdiği gibi, etrafla düzenli etkileşim, sadece beyin gelişimi için değil, hayatta kalmak için bile çok önemli.

KALP BAĞINDAN BEYİN BAĞINA

İnsanlar hâlâ şunu anlayamıyor:
Dünyaya çocuk getirmek sadece karnını doyurmak değil, zihnini de eğitmektir. Aksini düşünmek, hem zavallı çocuğa hem de topluma karşı işlenmiş bir ahlak suçudur.

John Stuart Mill

Küçükken "anneee" diye peşinizden ayrılmayan yavrunuz neden büyüdükçe size yabancılaştı? Birlikte geçirdiğiniz eğlenceli zamanlar neden gitgide azaldı? Nasıl oldu da aynı evin içindeyken bile "ayrı odaların insanları" oldunuz? Aranızdaki duygusal mesafe ne zaman bu kadar açıldı?

Onca fedakârlık karşısında bu uzaklaşmayı hak etmediğinizi düşünüyorsunuz. İçerliyorsunuz, bazen eşe dosta yakınıyorsunuz. Onların da genelde söyledikleri "Boş veer, şimdi gençler hep aynı!"

Bowlby'nin bağlanma biçimleri teorisini az önce öğrendik. Ama bu teori, duygusal mesafenin neden açıldığını tam olarak cevaplamıyor. Sorumuzun asıl cevabı, "bağlanma katmanları" arasında gizli.

İlişkinizde zamanla zayıflayan ya da kaybolan ne?
Genellikle aileyle çocuk arasında zamanla giderek azalan şey, zihinsel frekans uyumudur. Buna *beyin bağı* diyelim. Bu bağ kurulamamışsa, duygusal mesafe zamanla artar. Güçlü kurulmuşsa, fiziksel mesafeler bile aranıza giremez. Beyin bağı, aileyle çocuk arasında kurulabilecek en derin ve kalıcı bağdır.

Peki nedir bu *beyin bağı*? Nasıl kurulur?

"Beyin bağı"nı en iyi nasıl anlatabileceğimi düşünürken, Maslow'un ihtiyaçlar piramidi imdadıma yetişti. Aile çocuk ilişkisindeki farklı *bağ tiplerinin*, Maslow'un piramidindeki ihtiyaç tipleriyle paralel ilerlediğini fark ettim. Bunun üzerine aile-çocuk arasındaki bağ tiplerini de bir piramide yerleştirdim:

Aile-çocuk arasındaki bağlar piramidi

Maslow'un ihtiyaçlar piramidi

Piramidin en alt katında *göbek bağı* var. Göbek bağı en demokratik bağ; ırk, din, dil ayrımı yapmadan tüm bebeklerde var. Bebek hayatta kalabilmek için göbek bağı yoluyla beslenmek zorunda. Bu katman, Maslow'un piramidindeki fizyolojik ihtiyaçlara denk geliyor.

Piramidin ikinci katmanına *kalp bağı* diyebiliriz. Doğumla birlikte anne bebek arasındaki ilişki *göbekten kalbe* doğru geçiyor, yani göbek bağı düştükten sonra anne bebek arasında duygusal bağlanma süreci başlıyor. Aile bu aşamada bebeğinin sadece fiziksel ihtiyaçlarını değil, sevgi ve güven ihtiyacını da karşılıyor. Ancak her anne baba bebeğiyle bu duygusal bağı kuramıyor.

Maslow'un piramidinde, ait olma ve güvenlik ihtiyacı katmanının bir önceki katmana göre daha dar olduğuna dikkat etmişsinizdir. Çocuğuyla kalp bağı kurabilen anne çocuk sayısı da bir önceki katmana göre azalıyor. Ancak daha önce de söylediğimiz gibi, Türk ailesi çocuğuyla kalp bağı kurma konusunda genel olarak başarılı.

Piramidin tepesinde ise, *beyin bağı* yer alıyor. Beyin bağı, anne babayla çocuk arasındaki zihinsel uyum. Beyin bağı kuran aileler çocuğun entelektüel ihtiyaçlarına cevap verebiliyor. Çocuğu sadece sevilip başı okşanan bir varlık olarak değil, *düşünen bir varlık* olarak da görebiliyor. Sadece karnını değil, ruhunu ve beynini de besleyebiliyor. Anne babanın bir uzantısı olarak değil, ayrı bir birey olarak benimseyebiliyor. İlgilerine, eğilimlerine, karakterine ve tercihlerine saygı duyuyor. İçinde saklı potansiyelin ortaya çıkmasına zemin hazırlıyor. Ortaya çıkan potansiyeli desteklemek istiyor.

Diğer bir deyişle, aile çocuğun *kendini gerçekleştirme* ihtiyacına cevap veriyor. Bu bağı kurabilen aile sayısı çok daha az. Neden? Beyin bağı kurabilmek için aile önce,

çocukla zihinsel uyumsuzluk içinde olduğunu fark edebilmelidir. İkinci adımda da kendini geliştirmeye istekli olmalıdır. Bunu yapan kaç aile var?

Çocuk küçükken ondan daha çok şey bilmeniz, kısa ömürlü bir üstünlüktür. Büyüdükçe boyu da beyni de sizi geçecek, buna hazırlıklı olmak gerek. O kendini geliştirdikçe siz geride kalırsanız nasıl iletişim kuracaksınız? Değişen ihtiyaçlarını, ilgilerini anlamak için ne yapıyorsunuz? Ne kadar kitap okuyorsunuz? Telefonların bile birkaç ayda bir yeni sürümleri çıkıyor, siz kendinizi güncellemek için neler yapıyorsunuz?

Beyin bağı kurmanın temelinde, dürüst bir öz-değerlendirme yatar. Bunu başaran aile sayısı az olduğundan, piramidin en dar kısmı da burasıdır. Özellikle bizimki gibi Doğu kültürlerinde, piramidin tepesine ulaşabilen aile sayısı çok azdır.

Kaynak: http://karikaturborsasi.blogspot.com.tr/2013/05/supermen-karikaturleri-anne-vardm.html

Bebeğinden bağımsızlığını ilan edemeyen anneler

Bebek bağımsızlığını ilan etse de, bebeğinden bağımsızlığını ilan edemeyen annelerin sayısı kültürümüzde az değil. Anne, bu durumun farkında bile olmayabiliyor. Sorduğunuzda, "çocuğunun onsuz yapamayacağı"nı söylüyor. Bazen gerçekten böyle düşünüyor, bazen de bu "vakitsiz ayrılığı" bir türlü kabullenemiyor. Hatta bunu hayat boyu içinde sindiremeyen anneler var.

Bu yüzden ülke, uzun vadede ailesinden kopamayan, kendi aklı ve ayakları üzerinde duramayan, *yetişkin olamamış yetişkinler*le dolu. Beyin bağı kurulamayınca, *karnı tok ama beyni, ruhu aç* insanlar yetişiyor.

İşin tuhafı, genellikle bu konuda eleştiriye de kapalıyız. "Bizim kültürümüz böyle" gibi savunmacı bir yaklaşım içindeyiz. Sonra gün geliyor, "yemedim yedirdim, içmedim içirdim, adam olamadı gitti" diye hayıflanıyoruz.

Şu cümleler tanıdık geliyor mu? "Hiçbir işte dikiş tutturamadı." "Akşama kadar bilgisayarın televizyonun başında." "Varsa yoksa süs püs." "Olsun, dizimin dibinde olsun da gerisi önemli değil." "Kısmet böyleymiş." "Zeki ama tembel." "Bunun babası da çocukken böyleymiş." "İçinde yokmuş demek." "Vermeyince mabut neylesin Mahmut!"

Bu endişelerin bazılarını siz de taşıyor, hatta bir şeyleri düzeltmek için geç kaldığınızı düşünüyor olabilirsiniz. İyi haber şu ki, beyin hayat boyu değişmeye ve

gelişmeye devam ediyor. Müthiş esnek bir organ. Trene zamanında binmek birçok şeyi kolaylaştırsa da, treni kaçırmak diye bir şey yok. Beynin doğasını anlatan söz, "battı balık yan gider" değil, "zararın neresinden dönersen kardır!"

Çocuğunuzun beyniyle bağ kurmak neden önemli?

Çocuğun zamanla değişen zihinsel ihtiyaçlarına uyum sağlayamayan ailelerin çocukla bağları giderek zayıflar. Bu bağı erkenden kurmazsanız, bir gün, belki de hoşunuza gitmeyecek şekilde, bir başkası ya da başkaları kurabilir. Hele de çocuğun aileden bağımsızlığını ilan ettiği ergenlik döneminde gelindiğinde, ipin ucu tamamen kaçabilir. O yüzden çocuğun beyniyle ne kadar erken bağ kurarsanız, ergenlik denen "tek dişli canavarı" o kadar kolay yenersiniz.

Çocuğunuzla beyin bağınız güçlüyse, ergenlik sonrasında da ilişkiniz güçlü bir biçimde devam eder. Beyin bağınız sağlam kurulmuşsa, fiziksel mesafeler "aranıza giremez!" Göbek bağı *bağımlılık* sembolüyse, beyin bağı *bağlılık* sembolüdür.

Türk ailesi çocuğuyla beyin bağı kurmak için çok büyük bir avantaja sahip, çünkü beyin bağının temelinde sevgi ve güven bağı var. Türk ailesi de bu tür "*doğal kaynaklar*" bakımından çok zengin. Bu sağlam zemin üzerinde yükselerek beyne ulaşması daha kolay.

Çocuğunuzun beyniyle nasıl bağ kurarsınız?

Çocuğun beyniyle bağ kurmak, beyninin nasıl geliştiğini anlamakla başlar. Beynin nasıl geliştiğini anlarsanız, onu fiziksel ve zihinsel olarak doğru besleyebilirsiniz. İkinci adım, kendi beyninizi çocuğun beyniyle uyumlu hale getirebilmektir.

Bunu nasıl yapabilirsiniz? Gelin, birkaç pratik öneriye birlikte bakalım.

Beyin bağı, emzirmeyle başlar

Beyin bağı kurmanın en etkili yolu, çocukla etkileşim halinde olmaktır. Emzirme, çocukla iletişim kurmak için harika bir fırsattır. Bebeği emzirirken onunla *konuşmak, fiziksel temas halinde olmak, şarkı söylemek, ona dokunmak, öpmek, göz teması kurmak* beyniyle bağ kurmanızı sağlar.

Seviyorsanız onunla çok ve çeşitli sözcükler kullanarak konuşun!

Küçük yaştan itibaren, onunla ne kadar konuşursanız aranızdaki bağları o kadar sağlamlaştırırsınız. Bebeğinizle konuştuğunuzda, dilin yapısındaki örüntüleri daha çok duyar ve böylece dil gelişimi hızlanır. Çocuğun zekâsı da en çok iletişimle gelişir.

Meaningful Differences kitabının yazarları Betty Hart ve Todd Risley aileyle çocuk arasındaki iletişiminin etkilerini araştırmışlar. Araştırmaya göre, erken dönemde

aile içindeki konuşma, sonraki dönemdeki başarıyla çok ilişkili.

Araştırmada çocuğuyla daha çok konuşan ailelerle az konuşan aileler karşılaştırılmış. Çocuk 4 yaşına geldiğinde, çocuğuyla en çok konuşan aileler en az konuşanlardan kaç sözcük daha fazla konuşuyor sizce? Kemerlerinizi bağlayın, çünkü duyduğunuz rakam sizi hafiften sarsabilir!

Tam 32 milyon! Evet, çocuğuyla çok konuşan aileler diğerlerine göre çocuklarına tam 32 milyon fazla sözcük söylüyor. Bu, müthiş bir zekâ avantajı demek. Neden mi? Daha çok sözcükle konuşan çocuğun beyninde daha çok bağlantı kurulur. Çocuk size kendini daha iyi anlatır. Okunanı ve okuduğunu daha iyi anlar. Duygu ve düşüncelerini daha rahat ifade eder. Bunu yapabildiğinde okuldaki başarısı da artar.

Konuşulan sözcük sayısı kadar, sözcüklerin zorluk derecesi ve çeşitliliği de beyni geliştirmek için önemlidir. Ne kadar çeşitli sözcükler kullanırsanız, çocuğun sözcük dağarcığı da o kadar genişler.

O kadar sözcüğü nereden bulacağım mı diyorsunuz? Kitaplar ne güne duruyor?

Beyin bağı kurmak, çocuğun tutkularını erkenden keşfetmekle mümkündür.

Bebeklerde zekâ gelişimi konusunda uzman John Medina, "bebeğin odasında birçok farklı seçenek olmalıdır" diyor.

"Resim yapmak için bir köşe, boyama köşesi, müzik aletleri, kostümler, bloklar, resimli kitaplar, Lego tipi oyuncaklar..." Okul öncesi sınıfları da genellikle bu şekilde farklı köşeler halinde düzenlenir. Böylece çocuk istediğini seçer, özgürce ve güven içinde oynayabilir. Bu aynı zamanda çocuğun neyle daha çok ilgilendiğini gözlemleyip keşfetme imkânı tanır. Unutmayın, çocuğun tutku duyduğu alanı bulmak için en önemli şey dikkatli gözlemdir!

Seçeneklerin az olduğu ortamlarda gelişen çocukların zekâ gelişimi de sekteye uğrar. Zengin seçenekler sunmak için her zaman para şart değildir. Çocuğunuzu bir kütüphaneye üye yapmak paralı değildir. Belediyelerin spor tesislerine üye olmak paralı değildir. Müzelerin ücretsiz günleri vardır. İnternet ortamı sayısız ücretsiz aktiviteyle doludur.

Evdeki atık malzemelerden oyuncaklar üretmek maliyetli değildir. Bazen tencere ve tavalar muhteşem müzik aletlerine dönüşebilir! Eskimiş tişörtler boyanmak için idealdir. Artık kumaş parçaları, mukavva kutular, pet şişeler, eski bozuk telefonlar ve lüzumsuz görünen daha birçok şey, çocuğun hayal gücüyle birleşince müthiş oyun ve oyuncaklara dönüşebilir.

Süpermarket ortamı bile zekâ geliştirici olabilir! Çünkü süpermarket; renkler, sesler, dokular, yüzlerle dolu rengarenk bir ortamdır. Bebeğiniz uyaranlarla dolu bu ortamda hem eğlenir hem de öğrenir. Bebeğin beyni gelişirken siz de bir taraftan alışverişinizi yapabilirsiniz!

Çocuğunuza duygusal şantaj yapmayın

Psikologlara göre çocuğa en zararlı ebeveyn modeli, "Sana saçımı süpürge ettim, bana borçlusun" yaklaşımı. "Eğitimine o kadar para akıttım, benim seçtiğim yoldan gitmek zorundasın. Benim istediğim mesleği seçmek zorundasın." Çocuk bu durumda duygu ve düşüncelerinin göz ardı edildiğini düşünür. Değersiz, suçlu, kızgın, mutsuz hisseder.

Çocuğun karakterine, kapasitesine, sınırlarına saygı gösterin. Çam ağacını portakal ağacı yapmaya kalkarsanız, ortaya tuhaf, hormonlu bir bitki çıkar. Olmayacak şeyi zorlamayın. Çocuğun doğal ilgi ve eğilimlerini destekleyin. Doğal ilgi ve eğilimlerini anlamak için de neye tutku duyduğunu keşfetmeye çalışın. Tutku; saklı ilgi, yetenek ve eğilimlerin görünen işaretidir.

Kitap okumaya bebeklikten itibaren başlayabilirsiniz!

Bebeklik döneminde bebeğin duyularına hitap eden küçük, kalın sayfalı, kolay tutabileceği, farklı dokuları hissedebileceği kitapları tercih edin. Kitabın resimlerine bakarken bebeğinizle resimlerle ilgili konuşabilir, parmağınızla işaret edebilir, dikkatini çekmek için sözcükleri melodiye ya da şarkıya dönüştürerek okuyabilirsiniz.

Amerikan Pediyatri Akademisinin tavsiyesi *6 aylıktan itibaren* her gün düzenli kitap okunması yönünde. Hatta bunun hamilelik döneminden itibaren yapılmaması için herhangi bir neden yok. Erken dönemde çocuğa kitap

okumaya başlamak, en güvendiği ve sevdiği yetişkinin sesi ve sıcaklığı ile kitap okuma arasında ilişki kurmasını sağlar. Dolayısıyla anne çocuk arası beyin bağının kurulması için de erken bir adım atılmış olur.

Okul öncesi dönemde çocuğa kitap okurken ucu açık sorular sormak çocuğun düşünme becerilerini geliştirir. Konuya ilgisini artırır. Sözcük dağarcığını zenginleştirir. "Sence bir sonraki adımda ne olacak?", "Kahraman sence neden böyle yapmış olabilir?", "Senin başına hiç buna benzer bir olay geldi mi?" tarzı sorularla düşünmeyi destekleyebilirsiniz.

Kitap okuyan ve okunan çocuklarda IQ skoru daha yüksek çıkar, çünkü IQ testi sözel beceriyi de ölçer.

Barbie'den medet ummayın!

Keşif ve merak duygusunu yaşatacak ortamlar ve oyunlar sunmak da beyin gelişimi için önemlidir. İşin içinde merak ve keşif oldu mu, çocuğun ilgisi daha uzun süre canlı kalır. İlgi uzun sürünce de daha etkili bir öğrenme gerçekleşir.

Elektronik oyuncaklar yerine, etkileşime dayalı oyunlar ve oyuncakları tercih edin. Bunları satın alabilir ya da hayal gücünüzü çalıştırarak kendiniz de yapabilirsiniz. Etkileşim imkanı sağlayan oyuncaklar merakı ve yaratıcılığı geliştirir.

Çocuklar neden genellikle oyuncaktan çok oyuncağın paketiyle oynamayı seçer hiç düşündünüz mü? Bir

Barbie bebek keşfe yer bırakmaz, çünkü her şey gerçeğe uygun bir biçimde üretilmiştir. Böyle bir oyuncak hayal gücünü köstekleyebilir.

Oysa oyuncağın içinden çıktığı ambalaj kutusu, hayal gücü geniş küçük bir çocuğun elinde sihirli halıdan uçan daireye kadar sayısız kimliğe bürünebilir. Bir oyuncak kutusunun içinde bin oyuncak gizlidir! Çocuk böylece hem oynadığı oyundan daha çok zevk alır, hem de yaratıcı becerileri desteklenir.

O televizyonu ya atın ya da kapatın!

Amerikan Pediyatri Derneği, 0-3 yaş arası TV izlemeyi kesinlikle önermiyor! 3-8 yaş arası da "sınırlı sürelerle TV izlenebilir" diyor.

TV neden bu kadar zararlı? Çünkü çocuk TV karşısında pasif halde. Beyin, pasif haldeyken yeni bağlantı kurmaz. Oysa TV izlemek yerine aktif halde olacağı çok daha basit başka bir şeyle uğraşmak, becerilerinin gelişmesini sağlar. Yürümek, etrafta dolaşmak, mutfak dolabındaki tencereleri kurcalamak, anne babasıyla konuşmaya çalışmak, dedesiyle oyun oynamak gibi faaliyetler zihinsel gelişimi için çok daha iyidir.

Üstelik çocuk ekrana bağımlı hale gelirse bedeni hareketsiz kalır. Hareketsizlik ileride obezite ve hiperaktivite gibi durumları da tetikleyebilir.

Sözün kısası, TV'nin kapalı, kitapların açık olduğu evlerden daha parlak beyinler çıkar!

Beyin yaşken eğilir!

Çocuğunuzun beyniyle bağ kurmak için, temel bazı önerileri yukarıda anlattım. Bunlar daha başlangıç düzeyinde gerekli ve yeterli değil. İlerde, yeri geldikçe, farklı bağlamlarda, bu konularda önerilerimi sıralayacağım.

Burada en kritik nokta, çocuğun bir beyni olduğunu, karnı gibi beyninin de en az üç öğün acıktığını, onu siz doyurmazsanız abur cuburla besleneceğini unutmamak!

Okuldan geldiğinde, "karnın aç mı?" sorusu kadar, "bugün ne öğrendin?" diye sormak bile büyük bir fark yaratır.

Bütün bunlara ne kadar erken başlarsanız, çocuk da bu davranışları o kadar erken içselleştirir.

Beyin yaşken eğilir!

Nasıl seveceğini bilmeden sevmek, sevdiğimiz kişiyi yaralar.

Thich Nhat Hanh

Sevgi ve saygı arasındaki fark nedir?

Ailelerimiz bizi severken bize nasıl zarar veriyor? Maalesef bu çok kolay. Çoğumuz sevginin yeterli olduğunu düşünürken önemli bir gerçeği atlıyoruz: Sevgi ve saygı aynı şey değil. Sevgi, füzyon/birleşme demek. Bebek olarak anne babanızın bir uzantısınız, onlara aitsiniz. Saygı ise farklılaşma. Kendine aitsin, kimsenin bir uzantısı değilsin. Yetişkinlerin mutlu olabilmesi için farklılaşmaları çok önemli.

Barbara Sher

Kendini seven bir anne misiniz?

(Anne), özverili davranarak çocuklarına sevilme duygusunu yaşatacağına, böylece çocuklarının sevmeyi öğreneceğine inanır.

Ancak özverili olmanın, bu beklentileri hiç karşılamayan bir etkisi vardır: (Bu çocuklar) sevildiklerinden emin insanların mutluluğunu sergilemez. Tedirgindirler, gergindirler. Annenin onayını yitirmekten korkarlar ve onun beklentilerini yerine getirme gerginliğiyle yaşarlar. Genellikle, annelerinin hayata karşı gizli düşmanlığından etkilenirler. Bunu çok net görmeseler de, hissederler. Sonunda bu duygu onlara da geçer.

Sonuçta, özverili annenin çocuğa etkisi, bencil anneninkinden çok farklı olmaz. Hatta daha da kötü olur, çünkü annenin özverili hali çocuğun onu eleştirebilmesini engeller. Çocuk annesini üzmeme yükümlülüğü altına girer. Çocuğa, erdem kisvesinde, hayatı sevmemek öğretilmiştir.
Kendini samimiyetle seven bir annenin çocuğu üzerindeki etkisi incelense, şu çok net görülür: Bir çocuğa hayatta sevgi, neşe ve mutluluğu en çok yaşatacak şey, kendini seven bir anne tarafından sevilmiş olmaktır.

Eric Fromm, *Sevme Sanatı*

ANNE BABA OLARAK STİLİNİZ NEDİR?

Dünyanın en iyi annesi bendim:
Kendi çocuklarım olana kadar!

Anonim

Anne babalık zor zanaat. Bir elinizdeki kitaba bakıyorsunuz, bir evinizdeki çocuğa: Olmuyor, evdeki çocuk kitaba uymuyor! Yine de anne baba olarak elinizden gelenin en iyisini yapmaya çalışıyorsunuz.

Peki anne baba olarak neyi nasıl yapıyorsunuz? Kendinize hiç dışarıdan baktınız mı? Bakmanızda fayda var, çünkü çocuğunuzla beyin bağı kurabilmenin ilk adımı, aynanın karşısına geçmektir.

Ayna ayna söyle bana, ben nasıl bir anneyim/babayım acaba?

Araştırmalar, temel olarak 4 farklı tipte ebeveyn olduğunu ortaya koyuyor*:

---

* Baumrind, D. (1991). The Influence of Parenting Style on Adolescent Competence and Substance Use. The Journal of Early Adolescence, 11, 56-95.

1. Otoriter
2. Müsamahakâr
3. İhmalkâr
4. Dengeli

Elbette sınıflandırmalara her zaman temkinli yaklaşmak gerek, çünkü her ailenin ve çocuğun dinamikleri farklı. Yine de bu 4 modelden biri, size kendinizle ve çocuğunuzla ilgili genel bir fikir verebilir.

Gelin hepsine teker teker göz atıp sizi tanımaya çalışalım.

Anne bir kategoride, baba apayrı bir kategoride olabilir. Herkes aynaya tek başına baksın lütfen!

Otoriter aileler:
"Ya benim dediğim olur ya da benim dediğim olur!"

Anne baba portresi: Otoriter anne baba, çocuğu sürekli eleştirir, omuzlarına gerçek dışı beklentiler yükler. Duygusal olarak çocuktan uzaktır. Çocuğun duygularını önemsemez. Genelde çocuğun olumsuz tarafına odaklanır: "Yine odanı toplamamışsın", "Bir kere de 100 alacak mısın acaba sınavdan", "Sana kaç kere şu bardağı masanın kenarına koyma, devrilecek dedim!" "Bitir şu yemeği, oynayıp durma!" Eleştirirken hakarete ve fiziksel tacize de başvurabilir.

Çocuk portresi: Bu anne babaların çocukları sürekli mükemmel olma çabası içindedir. İtaatkârdır. Bir taraf-

tan da "ne yapsam boş" hissi taşır, çünkü "ağzımla kuş tutsam da annem babam tatmin olmaz", diye düşünür. Sonuç olarak, çocuk, aşırı yüksek beklentileri asla karşılayamayacağı hissine kapılarak mutsuzlaşır. Genelde gergindir. Ortalama bir öğrencidir. Lider değil, takipçidir.

Otoriter stilin çocuk üzerindeki diğer olumsuz etkileri nelerdir?

- Çocuğun zihinsel sağlığı olumsuz etkilenir. "Sürekli bir şeyleri yanlış yapıyorum, demek ki bende ters olan bir şey var" duygusuna kapılır. Bir süre sonra gerçekten böyle olduğuna inanır ve özsaygısı darbe alır.
- Kendini sürekli anne babanın doğrularına göre değerlendirdiğinden, kimliğini bulmakta güçlük çeker.
- Anne babayı asla mutlu edemediği için onların sevgisini yitireceği korkusunu taşır; sağlıklı bir güven ilişkisi kurmakta zorlanır.
- Hata yapacağı ve ailesi tarafından azarlanacağı ya da eleştirileceği korkusuyla yaşar. Risk almaz, çekingen davranır. Yetenek potansiyelini, kapasitesini, doğal eğilimlerini keşfetmesi bu nedenle zordur. Hatalardan öğrenme fırsatı kısıtlanır.
- New York Üniversitesi Langone Tıp Merkezi, bu çocukların kendilerini rahatlatmak için yemek yemeye yöneldiğini tespit etmiş. Bu çocuklar yetişkinlikte de devam eden obezite sorunu yaşayabiliyor.

Otoriter olduğunuzu düşünüyorsanız ne yapabilirsiniz?

- Çocuğunuzu biraz rahat bırakmayı deneyebilirsiniz. Bardağı masanın kenarına koyuyorsa bir dahaki sefere uyarmayın. Bırakın bardak devrilsin! En kötü ihtimalle kırılır ve yerler su içinde kalır. Sizin burada bir rolünüz olacaksa, bu rol ona cam bardak yerine plastik bardak vermek olabilir. Yerleri çocuğunuz temizleyebilir. Sorunu kendisi düzeltmek zorunda kaldığında bir dahaki sefer aynı şeyi tekrar etme olasılığı da azalmış olur.
- Çocuğunuzun mutlaka olumlu özellikleri vardır. Bunları onun yanında dile getirin. Sadece olumsuza odaklanarak kendini olumsuzluklar bazında tanımlamasına ve yetersiz hissetmesine izin vermeyin. Onu *tek başınayken eleştirin, topluluk önündeyken övün.*
- Her şeyin mükemmel olması beklentisinden vazgeçin. Mükemmel iyinin düşmanıdır. Üstelik çocuk bir süre sonra "nasılsa mükemmel olmuyor" diye toptan vazgeçebilir. İstemeden çocuğunuzun okul ve hayat başarısının önündeki engel siz olabilirsiniz. Bu yöntem amacına hizmet etmez. Tersi etki yaratır.

Müsamahakar aileler:
"Saldım çayıra mevlam kayıra" modeli

Anne baba portresi: Bu tip anne babalar, çocuklarına karşı sevgi doludur. *Aman çocuğumuzun yaratıcılığını kısıtlamayalım, özgür birey yetiştirelim* endişesiyle kural ve

sınır koymaz, en ufak disiplin kurmazlar. Çocuklarıyla "arkadaş"tırlar. Cümleleri, "Olur mu?", "Tamam mı?" gibi, hep çocuktan onay bekleyen bir şekilde biter. Çocuğa "hayır" diyemezler. Deseler bile çocuğu susturmak için biraz sonra "evet"e dönerler. Tutarsızdırlar. Çocuktan pek beklentileri yoktur, her durumda seçimi çocuğa bırakırlar.

Çocuk portresi: Jean Jacques Rousseau, "Acınası bir çocuk yetiştirmek istiyorsanız, çocuğa küçük yaşta istediği her şeyi verin" derken bu aile tipine sesleniyor gibidir. Bu ailenin çocuğunu süpermarketlerde "bana neee, o çikolatayı alacaksın işteee" diye zırıl zırıl ağlarken, yerlerde dövünürken görebilirsiniz! O sırada anne bir taraftan çocuğu yerden kazımaya çalışırken, bir taraftan etrafa özür dileyen bakışlar ve gülücükler dağıtmaktadır. Bu çocuklar talepkâr ve mızmızdır. Anne babasını kolayca manipüle edebileceğini öğrenmiştir, onları adeta parmağında oynatır. Hangi talebini kimden elde edeceğini bilir. Her istediğini yaptırır.

Nezaketten yoksundur. Okulda genellikle ortalama ya da kötü öğrencilerdir. Bu çocuklar da büyüdüklerinde, liderden çok takipçi özellikleri gösterir.

Müsamahakar ebeveynlik stilinin çocuğa diğer olumsuz etkileri neler?

- Araştırmalar, bu tarz ailelerin yetiştirdiği çocukların genellikle antisosyal ve özsaygısı düşük bireyler olduğunu ortaya koyuyor.

- Ayrıca bu tarzı benimseyen ailelerin çocukları, yetişkinlik döneminde de "bencil", "sorumsuz", "şımarık", "düşüncesiz" olarak tanımlanan kişiler olabiliyor.
- Çocuk hayata kuralsız ve sınırsız bir ortamda başladığı için, okul çağına geldiğinde aşırı sıkıntı çekebiliyor. Bazen hiperaktif ya da dikkat dağınıklığı tanısı alıp ilaç kullanabiliyor.

Müsamahakâr bir stiliniz olduğunu düşünüyorsanız ne yapabilirsiniz?

- Çocuğa sınırlar koymanız gerekir. Kural koymak, onu sizden soğutmaz. Sevgisini eksiltmez. Uzaklaştırmaz. Aksine, çocuk, sınır koymayan aileye güvenemez. Sınırlar ve kurallar olduğunda kendini güvende hisseder. Güven duygusu da, okul başarısından hayat başarısına her şeyin temelini oluşturur.
- Küçük yaştan itibaren ev içinde kurallar *hep birlikte* belirlenmelidir. Çocuk da bu sürece dahil olursa kuralları daha çok benimser.
- Ailedeki herkes kurallara uymalıdır. Belli saatlerde evdeki bilgisayar ve televizyon ekranları kapalı tutulacaksa, sizin için de aynı kural geçerlidir. Unutmayın, çocuklar söylediklerinizden çok yaptıklarınızdan etkilenirler.
- "Hayır" dediğinizde, "hayır" anlamına gelmelidir. Bir dakika önce hayır dediğinize bir dakika sonra evet derseniz olmaz.

- Anne ve baba tutarlı olmalıdır. Biriniz iyi polis diğeriniz kötü polis olursa, çocuk kimi nasıl manipüle edeceğini öğrenir.

İhmalkar ebeveynlik stili

Anne baba portresi: Dört ebeveynlik stili içinde en olumsuzudur. Çocuğa en zarar veren stildir. Anne baba, çocuğa ve ihtiyaçlarına karşı ilgisizdir. Kendi sorunlarına gömülmüştür. Çocuğa ilgi gösterecek halde veya kapasitede değildir. Çocuğun sadece fiziksel ihtiyaçlarını karşılar, diğer ihtiyaçlarını görmezden gelir. Çocuğa uzaktır. Tutarsızdır, sınır koymaz, kayıtsızdır. Çocukla iletişimi neredeyse sıfırdır. Sevgi ya da sıcaklık göstermez. Okul toplantılarına rağbet etmez. Genellikle kendisi de benzer bir stilde yetiştirilmiştir.

Çocuk portresi: Bu çocuklar genelde kendi başının çaresine bakmayı çocukken öğrenmek zorunda kalır. Kimin anne, kimin çocuk olduğu belli değildir. İnsanlara karşı güvensizdir. Duygusal olarak yalnız ve diğer çocuklardan uzaktır. Ailesinden destek almadığından korku, endişe, stres içindedir. Sosyal ve duygusal becerileri zayıftır, genelde okulda başarısız öğrencilerdir. Kural bilmediğinden okula adapte olması zordur. Sorunlu davranışlar sergiler. Uyuşturucu ve madde bağımlılığı, depresyon gibi sorunlar bu çocuklarda daha yaygın görülebilir. Yetişkinlikte karşı cinse bağlanmada büyük güçlük çeker.

İhmalkâr ebeveynseniz

Çocuğunuzu elinizde olmadan ihmal ediyorsanız ve bunun farkındaysanız, mutlaka psikolojik yardım almanız gerekir. Çocuğun sevgi, ilgi ve güven ihtiyacını karşılayacak yetişkinlere emanet edilmesi daha mantıklıdır. İhmalkâr ebeveyn, çocukta uzun vadede telafisi çok zor yaralar açar.

Dengeli ebeveyn:
Otoriteyle özgürlüğü dengeleyen aileler

Anne baba portresi: Dengeli aileler, çocuk üzerinde mutlak otorite kurmayan ama belli sınırlar getiren ailelerdir. Koydukları kuralları uygularlar. Kurallara uymamanın sonuçları vardır, çocuk da bunu bilir. Aile bunu sevgisizlik olarak nitelendirmez. Sınır koymanın sevgi ve güven ilişkisindeki önemini kavramıştır. Aynı zamanda çocuklarına yüksek standartlar belirler, bu standartlara ulaşması için çocuğu desteklerler. Sıcak, sevgi dolu ve ilgililerdir. Çocuklarıyla iletişim halindedirler. Onları dinler ve saygı gösterirler. Saygı beklentisi tek yönlü değildir.

Çocuk portresi: Bu ailelerin çocukları, diğer akranlarına göre okulda ve hayatta daha başarılı ve mutludur. Özsaygı ve özgüvenleri yüksektir. Esnektirler, kolay yıkılmazlar. Çevresi tarafından sevilen, sayılan, meraklı bireylerdir. Yetişkinlikte karşı cinsle olumlu ilişkiler kurarlar.

Sıcak, sınır koyan, saygılı anne baba olmak... İşte bütün mesele bu.

Ebeveynlik stili konusunda yapılan araştırmalar, cinsiyet, sosyal sınıf, etnik köken ve anne babanın birlikteliğinden bağımsız olarak şunu gösteriyor: ***Sıcak, saygılı ve sınır koyan*** dengeli anne babaların çocukları okulda daha yüksek not alıyor. Daha özgüvenliler. Anksiyete ve depresyon oranları daha düşük. Araştırma yapılan her ülkede ve çocukluğun her aşamasında aynı sonuç çıkmış.

Yazar David Brooks'un *Sosyal Hayvan* kitabında tarif ettiği aile modeli, bence dengeli ebeveynliği anlatıyor:

"Gelişim psikologlarının yıllar içinde öğrendiği bir şey varsa, o da şu: Ailelerin uzman psikolog olmasına gerek yok. Üstün yetenekli öğretmenler olmalarına da... Aileler sadece *iyi aile olsun,* yeter. Çocuklarına istikrarlı ve öngörülebilir bir ortam sağlasınlar. Çocukların ihtiyaçlarına ayak uydursunlar. Sevgi ve disiplini birleştirsinler. Çocukların stres içindeyken yaslanabileceği güvenli duygusal bağları kurabilsinler. Dünyanın sorunlarıyla nasıl baş edileceği konusunda çocuklarına canlı örnekler olsunlar. Böylece çocuklar bu modelleri bilinçaltına yerleştirebilir."

Ne düşünüyorsunuz? Sizin çocuğunuzun bilinçaltına hangi model yerleşiyor?

Tamamen bir kategoriye uymasanız da, sizce hangisine daha yakınsınız?

Anne baba olarak stiliniz bunlardan hangisi?

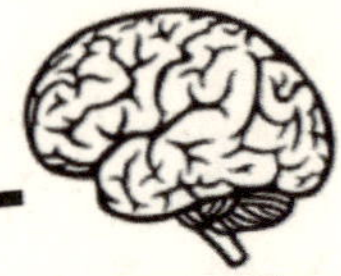

KÜÇÜK BİR TEST:
Sıcak, saygılı, sınır koyan bir ebeveyn misiniz?*

Az önce okuduğunuz yazıdan sonra nasıl bir ebeveyn olduğunuza karar verdiniz mi? Hemen emin olmayın, bir de çocuğunuza sorun!

Psikolog Nancy Darling, dengeli ailelerin özelliklerinden yola çıkarak bir test geliştirmiş. Çocuğunuz buradaki ifadelerden kaçını çekincesiz işaretlerdi? Denemeye cesaretiniz var mı? (Dikkat! Bazı maddeler italikle yazılmış. Bunlar ters kodlanmış maddeler; yani çocuğunuz bunları işaretlerse karne notunuz düşer!)

Sıcak

Bir sorunum olduğunda aileme yardım konusunda güvenebilirim.
Annem babam benimle konuşmak için zaman ayırıyor.
Ailemle birlikte eğlenceli aktiviteler yapıyoruz.
Ailem onlara sorunlarından söz etmemden hoşlanmıyor.
Ailem iyi bir şey yaptığımda bana hiç övgüde bulunmuyor.

* Duckworth, A. Grit. *The Power of Passion and Perseverance.* Scribner: New York.

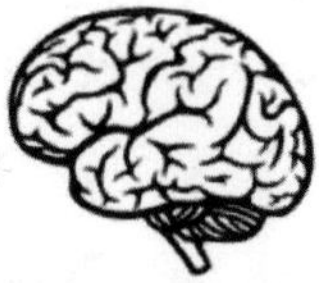

Saygılı

Ailem benim onlardan farklı düşünme hakkıma saygı duyuyor.
Ailem bana kendi fikirlerinin doğru olduğunu ve onları sorgulamamam gerektiğini söylüyor.

Ailem mahremiyetime saygı gösteriyor.
Ailem bana fazlasıyla özgürlük tanıyor.
Yapabileceklerimle ilgili kararların çoğunu ailem veriyor.

Sınır Koyan

Ailem aile kurallarına uymamı bekliyor.
Ailem kuralları bozmama ses çıkarmıyor.
Ailem neyi daha iyi yapabileceğimi bana açıklıyor.
Yanlış bir şey yaptığımda, ailem bana hiçbir yaptırım uygulamıyor.
Ailem bir şey zor olsa bile elimden gelenin en iyisini yapmamı bekliyor.

MÜDÜR OLAMAZSIN DEMEDİM, BİREY OLAMAZSIN DEDİM!

Zamanınız kısıtlı, bu yüzden zamanınızı başkalarının hayatını yaşamak için harcamayın. Başkalarının düşüncelerinin sonuçlarıyla yaşamak kaidesi tuzağına düşmeyin. Başka insanların fikirlerinin gürültüsünün, iç sesinizi bastırmasına izin vermeyin. En önemlisi de kalbinizi ve sezgilerinizi takip edecek cesarete sahip olun. Onlar bir şekilde sizin tam olarak ne olmak istediğinizi biliyorlar. Bunlar dışındaki her şey önemsizdir.

Steve Jobs (Apple'ın kurucusu)

Bir tanıdığım 50 yaşlarında çok başarılı bir profesör. Önemli araştırmaları olan, kitleler üzerinde etkili bir isim. Bu profesörün kendisine kitlelerce bilinmeyen bir özelliği ise, her akşam en geç 22.00'de evde olması. Neden mi? Annesiyle yaşıyor ve eve o saatten sonra adım atarsa annesi çok kızıyor!

Bir başka tanıdığım 40 yaşında, mesleğinde müthiş başarılı birisi. Mesleğinde ne kadar başarılıysa, annesiyle olan ilişkisinde de o kadar başarısız olduğunu düşünüyor. Sebep? Annesi her gün işe onunla birlikte gidiyor! Sabahtan akşama kadar ofisinde oturuyor. Tatillere de birlikte gidiyorlar. Yemeklere de. Durumun tuhaflığını ne zaman annesine anlatmaya çalışsa, işitmediği laf kal-

mıyor. "Nankör"den başlayıp "yazıklar olsun verdiğim emeklere"ye uzanan, geniş yelpazede bir eleştiri bombardımanına maruz kalıyor.

Başarılı bir diplomat olan bir başka arkadaşımız da bugüne dek evlenmediği için babasının gözünde *başarısız*. Çok az görüşüyorlar, çünkü her seferinde bu konu yüzünden geriliyorlar. Kendini mutsuz ve baskı altında hissediyor. Babasından duymak istediği tek şey, "canın sağ olsun, senin hayatın, senin seçimin."

Birey olamamış, meslek sahibi yetişkinler ülkesi!

Bu hikâyeler bana göre Türkiye gerçeğini gözler önüne seriyor. Türkiye, *birey olamamış, meslek sahibi yetişkinler*le dolu bir ülke. Bu ülkede birçok insan hangi yaştan ya da meslekten olursa olsun, kendi hayatını değil, *başkalarının kendisine uygun gördüğü* hayatı yaşıyor.

Kendi hayatını yaşamayı seçen de huzursuz çünkü çevresi onun üzerinde müthiş bir duygusal tahakküm kuruyor. Hayat, ip üstündeki cambazlar gibi dengeyi tutturmaya çalışmakla geçiyor. Gazı kaçmış kola tadında bir varoluş bu; bir şeye benzemiyor.

Düşünce özgürlüğün sınırsız, ama düşüncelerini ifade etmediğin sürece!

Büyüyünce ne olacaksın?

Kültürümüzde, çocuğun *birey olma* süreci, genellikle küçük yaşlardan itibaren baskılanır. "Büyüyünce

ne olacaksın?" sorusu yaygın bir sorudur. Büyüyünce *ne yapmak* istediğin çok önemli değildir. Büyüyünce dünyayı gezmek istiyor olabilirsin. Çok kitap okumak istiyor olabilirsin. Müzik yapmak, oyun yazmak, dans etmek istiyor olabilirsin. Ama ailen için önemli olan senin ne yapmak istediğin değil, *onların senin ne olmanı istediğidir.*

Büyüyünce ne olmak istiyorsun sorusuna vereceğin cevaplar da kısıtlı bir aralığa sığmalıdır. Doktor, avukat, mühendis gibi seçenekleri içeren bir cevap sana "aferin" getirir. Ne de olsa bunlar toplumda değer gören, *saygın* ve *kazançlı* mesleklerdir. Hayallerin, yeteneklerin, tutkuların kimsenin pek umurunda değildir. Çevrenin seninle ilgili hayalleri daha önemlidir.

Okulda devam eden kimliksizleştirme

Temelleri ailede atılan bu anlayış(sızlık), okulda pekiştirilir. Okulda sana bir *numara* atanır. Bu senin kimliğindir. Yoklama alınırken isminle değil, numaranla çağrılırsın. Herkesle aynı şekilde giyinmen, aynı stilde öğrenmen, aynı şekilde davranman beklenir.

Buna "*eğitim* sistemi" denir, ama aslen bu bir *öğütüm* sistemidir. Yaratıcılığın, yeteneklerin, tutkuların, hayal gücün, bireyselliğin *öğütülür*. Kıvamın, toplumun beklentilerine uyumlu hale getirilir. Pink Floyd'un efsanevi şarkısındaki gibi, artık sadece "duvardaki tuğlalardan biri"sindir.

Kız çocukları çok gülmez!

Büyüyünce ne olacaksın sorusuna benzer bir diğer kalıp da "kız çocukları" diye başlar. Kız çocukları fazla gülmezler. Kız çocukları erkek çocuklarıyla oynamazlar. Kız çocukları fazla konuşmazlar. Oturmasını kalkmasını bilirler. Kız çocukları edeplidir. Bunları yapmayan kız çocukları *uyarıya*, yapanlar *etikete* maruz kalır.

Bu ülkede kız çocuklarının önemli bir bölümü hayata böyle *bastırılmış bir başlangıç* yapar. Sonra bir bilgisayar oyunundaymışçasına, her "level"ı atlamak için müthiş bir mücadele verirler. Sonuç olarak kariyer kademelerinin tepelerine doğru çıktıkça, kadınların sayısı giderek azalır. Toplumumuzdaki yüksek mevkiler erkek egemenliğindedir.

Çocukların kendilerine olan inançları, etraflarında gördükleri bu modellerden çok etkilenir. Bunu örnekleyen gerçek bir hikâyeyi paylaşayım:

Finlandiya'nın kadın devlet başkanı Tarja Halonen, başkanlık yaptığı dönemde, bir anaokulu sınıfını ziyaret eder. Sınıftaki çocuklarla sohbet ederken, büyüyünce ne yapmak istediklerini sorar. Cevaplar klasiktir. Çocuklar itfaiyeci, doktor, avukat, mühendis olmak istiyorum gibi cevaplar verir.

Halonen, 6 yaşında bir erkek çocuğuna döner: "Söyle bakalım, neden devlet başkanı olmayı düşünmüyorsun?" Çocuk şaşırmış gibi bakar : "Erkekler devlet başkanı ola-

maz ki..." der şaşırarak. Şaşırmıştır, çünkü 6 yıllık kısa hayatı boyunca sadece kadın bir devlet başkanı modeli görmüştür!

Kendisi birey olamamış insan, birey yetiştirebilir mi?

Çocuğa *uygun bir hayat* biçenler hayatta çok mu başarılı olmuştur? Bu yüzden mi kendi doğrularını çocuğa empoze etmeye çalışırlar? Genellikle hayır! Zaten sorun da budur. Onlar da çoğunlukla gençliklerinde hayallerinin peşinden koşamamış, potansiyelini keşfetme şansı yakalayamamıştır. Onların da hayattaki seçimleri çoğunlukla başkaları tarafından şekillendirilmiştir. Bu yüzden mutsuz hisseden, başarısız ya da vasat hayatlar yaşayan insan sayısı az değildir.

Bu kişiler gerçekleşmemiş hayallerini kendi çocukları üzerinden gerçekleştirmeye çalışabilirler. Birey olmasına izin verilmemiş kişilerin, çocuğunu da bir birey olarak yetiştirmeyi bilmemesi olağandır. Kişi kötü niyetli olmayabilir, ama bu çocuk için mutsuz ve başarısız bir geleceğin temellerinin atılmasına engel değildir.

Çocuğunuzun birey olmasını nasıl desteklersiniz ?

Yazının başındaki hikâyeleri okurken nasıl tepki verdiniz? Verdiğiniz tepki, çocuğunuzla ilişkiniz hakkında önemli bir ipucudur. "Anne haklı, o saatten sonra eve gelinmez" mi dediniz? "Anne haklı, anca beraber kanca beraber" diye mi düşündünüz? "Babası doğru söylüyor,

evlenmek eşittir başarı" mı sizce de? O zaman bu yazıda savunulan dünya görüşü size hitap etmez.

Öte yandan koskoca yaşında hâlâ anne babasının *duygusal kıskacı*nda yaşayan bu insanlara üzüntüyle bakıyorsanız, çocuğunuzun da bir gün bu duruma düşmesini istemiyorsanız, naçizane birkaç önerim var.

Çocuğunuzu size borçlu hissettirmeyin. "Ben senin için saçımı süpürge ettim", "yazıklar olsun emeklerime" gibi yakınmalarla onu bezdirmeyin. Bu dünyaya gelmeyi o seçmedi, onu doğurmayı *siz* seçtiniz. Bu tür cümleleri koz olarak kullandığınızda, aranızdaki bağları zedeleyebilir, sizden uzaklaşmasına yol açabilirsiniz. Bu uzaklaşma, uç örneklerde, tehlikeli yerlere ya da kişilere yakınlaşmayla da son bulabilir.

Kendi plan, tercih ve hayallerinizi çocuğa empoze etmeyin. Bu yaklaşım sağlıklı sonuç vermez. Onun tercih ve hayallerine kulak verin. İlgi alanlarını keşfetme yolculuğunda yanında olun. Belli bir alandaki tutku, yeteneğin de ön habercisidir. Tutkularını destekleyin. Bir konuya tutkulu ilgi duyan çocuğa, çalışmak oyun gibi gelir. Çalışmak da eninde sonunda başarı getirir. Çocuğunun mutlulukla başarmasını hangi anne baba istemez?

İlgi alanlarını keşfetmeye küçük yaştan itibaren başlayabilirsiniz. Çocuğu mümkün olduğunca farklı etkinlik, materyal ve deneyimle buluşturabilirsiniz. Müzeler, sergiler, sinema, tiyatro, birlikte oynanan oyunlar, spor, müzik, resim, satranç, doğada geçirilen zaman, bol soh-

bet... Çocuk bir şeye daha çok ilgi duyacaktır. Ne kadar çok farklı faaliyet yaparsanız, *ilgi alanlarını tespit etme şansınız* o kadar artar.

Çocuğun tutkusu her zaman profesyonel bir ilgiye dönüşmeyebilir. Kim bilir, belki geçici bir hevestir. Belki sadece hobi düzeyinde kalır. Onu engellemeye çalışırsanız *Romeo-Jülyet sendromu*na yakalanabilir. Yani sevgilisinden koparılmaya çalışılan aşık misali, tutkusu daha da derinleşebilir. Bir yandan da size düşman kesilir. Sizinle güç çatışmasından kaynaklanan *hırsı*, *tutku* duygusuyla karıştırabilir. Oysa ona destek verirseniz, güç çatışması yaşamazsınız. Böylece güç çatışmasının yarattığı *tutku illüzyonu* da olmaz. Çocuk neyi isteyip neyi istemediğini, etki altında kalmadan, duru halde görebilir.

Tutkusunu mesleğe dönüştürme kararı da alabilir elbette. O zaman da, aile olarak iki yoldan birini seçebilirsiniz: Destek olmak ya da olmamak. Bunun da olası alt kırılımlarına bakalım:

- *Destek olursanız ve başarılı olursa,* muhteşem! Herkesin kazandığı bir senaryo olur.
- *Destek olursanız ve başarısız olursa*, vicdanınız rahat olur. "En azından ailesi olarak yanındaydık, içinde ukde kalmayacak" dersiniz. Çocuğunuz da size minnettar kalır.
- *Destek olmazsanız ve başarısız olursa*, sizi suçlayabilir. "Beni yalnız bıraktılar, bırakmasalardı başarırdım" diye düşünebilir. Bu her zaman doğru olmasa da, bu düşüncesi yüzünden aranıza kara kedi girebilir.

- *Destek olmazsanız ve başarılı olursa,* size *rağmen* başardığını düşünür. Size karşı içten içe bir kırgınlık yaşayabilir. Kalp ve beyin bağınız zarar görebilir.

Benim önerim, çocuğa ailesi olarak önerilerinizi sunup, son seçimi ona bırakmanız. Seçtiği yolda ona destek de sağlarsanız, sonunda herkesin kazandığı bir senaryo yaşanabilir.

Son olarak, aşırı korumacı davranmayın. Ailenin çocuğun sürekli üzerinde olduğu ebeveynlik modeline *helikopter aile* deniyor.* Bu aile modeli, çocuğa birçok yönden zarar veriyor. Düşük özsaygı, duygusal ilişkilerde zorluk, yetişkinlikte karar vermede güçlük, hatta depresyon gibi davranışsal ve duygusal sorunlar yaşanabiliyor.

Elbette çocuklar her zaman iyiyi ve doğruyu göremeyebilirler. Yönlendirilmeye ihtiyaçları vardır. Ancak bunu karşılıklı saygı, sevgi, iletişim ve demokrasi anlayışı içinde yapmak en kârlısı. Bunlara özen gösterirseniz, hem çocuğunuzun hayatla olan bağı güçlenir hem de aranızdaki *kalp ve beyin bağı* güçlenir. Seçim sizin.

---

* 2010'da New Hampshire Keene State College'tan psikoloji profesörü Neil Montgomery'nin dünyanın farklı ülkelerinde 300 üniversite birinci sınıf öğrencisiyle yaptığı araştırmaya göre, helikopter ailesi olan çocuklar yeni fikirlere daha kapalı, daha kırılgan, gergin ve özgüveni düşük öğrenciler. 2011'de Terri LeMoyne ve Tom Buchanan'ın University of Tennessee at Chattanooga'daki 300 öğrencilik araştırmasında da, helikopter ailelerin çocuklarının anksiyete ve depresyon ilacı kullanma oranının daha yüksek olduğu görülmüş.

DÜNYANIN EN ETKİLİ 100 KİŞİSİNDEN BİRİNİN ANNESİ OLMAK İSTER MİYDİNİZ?

Richard Branson, son yüzyılın en vizyoner girişimcilerinden. Dünyanın en büyük ve güçlü şirketlerinden Virgin'in CEO'su. Çevre dostu, hayırsever bir milyarder. Uzaya "turistik seyahatler" gerçekleştirecek olan uzay gemisi Galactic'in de sahibi. TIME dergisi 2007'de onu dünyanın en etkili 100 kişisinden biri seçti.

Bu olağanüstü başarının sırrını tek bir nedene bağlamak gerçekçi olmaz. Ancak Branson'a soracak olursanız bu başarıdaki en önemli faktörlerden biri, çocukluğundaki aile ortamı.

Richard Branson'ın ailesi, özellikle de annesi, çocuğunun beynini beslemenin önemini fark etmiş. Branson, hayattaki başarısının özellikle annesiyle kurduğu sevgi, bilgi ve güven bağıyla ilişkili olduğunu belirtiyor.

Annesi küçük Richard'a nasıl değerler aşılamış?

İşte Branson'a göre, hayatta kendi ayakları üzerinde durmasını sağlayan aile içi uygulamalar... Siz anne baba olarak bunlardan hangilerini uyguluyorsunuz?

TV'yi unut, ev işlerine yardım et!

Branson, annesinin getirdiği TV yasağının başarısında çok önemli olduğunu söylüyor:

"Çocukluğumda evde TV izlememe izin yoktu. Bunun yerine annem ev işlerinde yardım etmemi söylerdi. Böylece sorumluluk kazandım. Çocukluğum ağaçlara tırmanıp kedileri kurtararak geçti."

Araştırmalar da Richard'ın annesinin kararını onaylıyor. 3 yaş öncesinde çok TV izlemek, çocukların sözcük dağarcığını olumsuz etkiliyor. Okuma ve matematikte geri kalmaya neden oluyor. Dikkat problemleriyle ilişkilendiriliyor. Okulda zorbalık ve hiperaktivite olasılığını arttırıyor. Kısacası, TV'yi kapalı, kitapları açık tutan evlerden mutlu, sağlıklı ve başarılı çocuklar çıkma olasılığı daha yüksek.

Sevgi, paradan üstündür.

Branson, uzun yıllardır hayatı paylaştığı eşi ve çocuklarıyla çok mutlu olduğunu belirtiyor. Hayattaki en büyük motivasyon kaynağının onlarla geçirdiği zaman olduğunu belirtiyor. Bunu, çocukluğunda gördüğü aile ortamına bağlıyor. "Çok paramız yoktu ama soframızdan yiyeceğimiz eksik olmadı. Kırsal kesimde büyüdüm. Zengin değildik ama ailemizde sevgi dolu bir ortam vardı. Aile bağlarımız çok sıkıydı" diyor. Anlattıklarına bakılırsa, anne babası *dengeli ebeveynlik* stilini izlemiş.

Asla insanları eleştirme!

"Küçükken birini eleştirecek olduğumda annem şöyle derdi: '*Şu aynanın karşına geç, kendine bir bak. Başkalarıyla ilgili söylediğin her kötü söz senin bir yansıman.*' Bu beni çok etkiledi. İnsanların eksiklerini görmek yerine, herkesin içindeki iyi tarafları görmeye ve övmeye çalışırım. Hatta eşim bazen biriyle ilgili dedikodu yapmaya kalkışırsa hemen odayı terk ederim!"

"Sorun dislekside değil yavrum, senin bakış açında."

Branson çocukken okulda başarısız bir öğrenciymiş, çünkü disleksiden dolayı okuma yazmada güçlük çekiyormuş. Disleksi, kısa açıklamasıyla, zekâ düzeyi normal veya normal üstü çocuklarda görülen okuma yazma güçlüğü demek.

Sonuç olarak Branson 15 yaşında okulu bırakmış. Okul müdürü, *bu çocuk ya hapse düşecek ya da multimilyoner olacak* diyormuş!

Ancak okul öncesi çağda annesinin kazandırdığı özgüvenli bakış açısı, ona şu soruyu sordurmuş: "*Klasik okul sisteminde başarılı olamıyorsam, hangi alanda başarılı olurum?*" Bunu sorgulamaya çok erken yaşlarda başlamış.

Bir çocuk, klasik sistemde başarısızsa, bu yeteneksiz olduğunu göstermez. Hayatta başarısız olacağını da göstermez. Branson buna harika bir örnek. Annesinin "insanları eleştirme, iyi taraflarını gör" mesajı, kendindeki

zayıflıklara odaklanmak yerine, güçlü yönlerine odaklanmasını sağlamış olabilir.

Kendi yolunu kendin bul.

Richard Branson, kendi ayaklarının üzerinde durmayı annesinden öğrendiğini söylüyor. Kaç anne 4 yaşındaki çocuğunu eve birkaç kilometre kala arabadan indirip, "Evin yolunu kendin bul bakalım" der ki? Branson'un annesi bunu diyebilmiş. Küçük Richard o gün kaybolmuş! Ama bu kaybolma deneyimi ona çok şey kazandırmış.

Ben herhalde böyle bir şeye cesaret edemezdim. Etsem de belli bir mesafeden dedektif gibi çocuğu takibe alırdım! Doğru mu yapardım yanlış mı bilmiyorum. Çocuğu tanımak, nasıl bir tepki vereceğini bilmek de önemli.

Siz olsanız ne yapardınız?

"AKAN" ÇOCUK: ÇOCUK MUTLULUK VE BAŞARIYI NASIL BİRLİKTE YAKALAR?

Gerçek şu ki, sen kendini sevmiyorsun. Sevseydin, hem kendi doğanı hem de onun isteklerini severdin. Mesleklerini seven insanlar, yaptıkları işe kendilerini öyle kaptırırlar ki, yıkanmayı, yemek yemeyi bile unuturlar. Oysa sen kendi doğana, oymacının oymacılık sanatına, dansçının dansa, cimrinin parasına, kibirlinin azıcık şöhretine verdiğinden daha az değer veriyorsun.

Marcus Aurelius

Bazen bir iş yaparken kendinizi işe kaptırdığınız, zamanın nasıl geçtiğinin farkına varmadığınız oluyor mu? O anlarda tamamen yaptığınız şeye odaklanıyor musunuz? Açlığı, susuzluğu, yorgunluğu unutup adeta "aktığınız"ı hissediyor musunuz?

Bir düşünün, en son ne zaman böyle bir şey yaşadınız? Çok sevdiğiniz bir arkadaşınızla hararetle sohbet ederken mi? Bir enstrüman çalarken mi? Çocuğunuzla oyun oynarken mi? Hayran olduğunuz bir yazarın kitabını okurken mi? Dans ederken mi? Spor yaparken mi?

Ya çocuğunuz? O hangi durumlarda böyle duygular yaşıyor?

"Flow"a girmişsiniz, haberiniz yok!

İnsanın tutkuyla yaptığı bir iş sırasında kendinden geçmesi, zamanı ve mekânı unutup yaptığı işin içinde kendini kaybetmesine, psikolojide "Flow" adı veriliyor. Flow'un Türkçe kelime karşılığı, "akış".

Teoriyi geliştiren, Cziksentmihalyi adında Macar asıllı Amerikalı bir psikolog. Cziksentmihalyi, mesleğinde uzman olan ve işini çok severek yapan yüzlerce sanatçı, sporcu, müzisyen, satrançcı, besteci, dansçı, kaya tırmanıcısı ve cerrahla araştırmalar yapmış*. Onlara "İşinizi yaparken neler hissediyorsunuz?" sorusunu sormuş. Ardından meslektaşları da dünyanın farklı ülkelerinde binlerce kişiyle benzer görüşmeler yapmışlar.

Katılımcıların hepsi, kültürel farklardan, cinsiyetten bağımsız olarak, "optimal deneyim" anlarını benzer biçimde anlatıyormuş. Bu "optimal deneyim" ya da "flow" anlarında kişi, yaptığı işe çabasızca odaklandığını, etraftaki dünyayı unuttuğunu, hayatın sıkıcı rutininden çıkıp yoğun olarak yaşadığını hissediyor.

Akışın ilkeleri, Zen ilkelerine çok benziyor. Zen kavramı da, tamamen anın içinde olmak, tek bir işe odaklanmak, huzur ve mutluluk içinde çalışmak ilkelerine dayanıyor.

---

* Csikszentmihalyi, Mihaly (1990). *Flow: The Psychology of Optimal Experience*. New York: Harper and Row.

Robert Pirsig, *Zen ve Motorsiklet Bakımı Sanatı* kitabında, "Kendinizi yaptığınız işten ayrı hissetmediğinizde, yaptığınız işi umursuyorsunuz demektir. Umursamak, yaptığın işle bir olmaktır" diyor. Akışta da kişi yaptığı işle bütünleşiyor.

Cziksentmihalyi, flow anlarını şu örneklerle anlatıyor: "Bloklarla her zamankinden daha yüksek bir kule yapan çocuğun, titreyen parmaklarla kulenin tepesine en son bloğu yerleştirdiği anlar... Bir yüzücünün kendi rekorunu kırmaya çalıştığı anlar... Bir keman sanatçısının zorlu bir müzik parçasını ustalıkla çalmaya çalıştığı anlar.." Örneğin bir besteci, beste yaparken bedeni ve kimliği adeta buharlaşıyor, çünkü aynı anda besteye ve kendi varlığına odaklanacak dikkat kapasitesi yok. Yaratırken varlığını adeta bir süreliğine askıya alıyor.

Ayrıca, akış haline girmek, verimli bir çalışma, daha yüksek kalitede sonuçlar getiriyor. Mesela ben yazı yazarken akışa girmemişsem, buzdolabına yaptığım seyahatler sıklaşıyor. Sonuç, boş bir yazı ve boş bir buzdolabı oluyor!

Akış halinde ise 90 dakika 9 dakika gibi geliyor. Açlık, susuzluk, yorgunluk hissetmiyorum. Ayrıca insanın kendini kaybedercesine bir faaliyete odaklanması, çok yoğun bir tatmin duygusu veriyor. Akış, zihnin ve bedenin forma girmesi için ideal bir yöntem!

Einstein oğluna ne öğüt vermiş?

Einstein'ın, 1915'te Berlin'de yaşarken, o sırada Zürih'te yaşayan iki oğlundan 11 yaşındaki Albert'e yazdığı bir mektuba bakalım:

> *Sevgili Albert,*
> *...Piyanoyu sevmene çok sevindim... Piyanoda hoşuna giden parçaları çal, öğretmenin ödev olarak vermese de çal. En çok bu şekilde öğrenebilirsin. Bir işi zevk alarak yaptığında zamanın nasıl geçtiğini fark etmezsin. Ben de bazen işime öyle dalıyorum ki, öğle yemeği yemeyi unutuyorum.*

Einstein'in anlattığı "unuturcasına zevk alma" durumu, akışa çok iyi bir örnek. Einstein, "Tutku en iyi öğretmendir" derken de bunu anlatıyor. Kendisi de, keman çalarken ya da problem çözmeye çalışırken akışa giriyormuş.

1915 aynı zamanda Einstein'in "en güzel eserim" dediği izafiyet teorisini tamamladığı yıl. 1915'in son beş haftasında kendisini dış dünyaya kapatıp teoriyi tamamlamış. Bu da akışa bir örnek.

İzafiyet teorisinin kendisi de zaman ve algı arasındaki ilişkiyi gösterirken kısmen akışı anlatmıyor mu? Einstein, teorisini açıklarken, "Elinizi bir dakikalığına sıcak bir fırının içine sokun, sanki bir saatmiş gibi gelir. Güzel bir kızla bir saat kadar zaman geçirin, bir dakikaymış gibi gelir. İzafiyet budur," demiş. Bu senaryolardan ikincisi, "akma" haline iyi bir örnek. Birincisi olsa olsa "yakma"ya örnek olabilir. Bu kötü espriyi yapmasaydım bir şey eksik kalırdı, evet.

Banyo küvetinde satranç oynayan çocuk!

Amerikalı satranç dehası Bobby Fischer'ın satranç tutkusu da flow'un bir diğer örneği: Fischer, küçüklüğünde yapboz konusunda çok başarılıymış. Bunun üzerine kız kardeşi ona 6 yaşına geldiğinde 1 dolara plastik bir satranç seti almış.

Satranç oynarken akışa giren Fischer'in hayatının akışı da değişmiş. 9 yaşına geldiğinde başka hiçbir şey yapmamacasına satranç çalışıyor ve oynuyormuş. Hayatını kaleme alan kitaplarda, yemek yerken ve banyo küvetinin içinde satranç oynadığı, okula gitmek yerine evde kalıp satranç çalıştığı, sadece Sovyet satranç literatürünü anlayabilmek adına Rusça öğrendiği anlatılıyor.

Annesi oğlunun bu saplantı derecesindeki tutkusuna çare bulabilmek için onu iki psikiyatra götürmüş! Psikiyatrlar herhangi bir sorun bulamıyorlarmış. Akışın yakalanmasında kilit nokta, odaklanma. Yaratıcı kişilere ve dâhilere atfedilen tuhaflıkların çoğu, kendilerini bu tutku dolu süreçte unuturcasına kaybetmelerinden kaynaklanıyor.

Bu tür deneyimler esnasında, kişi çok hoş duygular yaşamayabilir. Örneğin yüzücü kendi rekorunu kırmaya çalışırken akciğerleri patlayacakmış gibi hissedebilir, kasları ağrıyabilir, yorgunluktan bitebilir ama bütün bunlar bu anı daha sonra hayatının en güzel anları olarak tanımlamasını engellemez.

Başarılı ve mutlu olmanın sırrı nedir?

Başarı da mutluluk gibidir. Peşinden koşarak yakalanmaz.
Bu, kişinin kendini daha büyük bir amaca
adamasının hesaplanmamış bir yan etkisi sonucu ortaya çıkar.

Viktor Frankl

Bazı sabahlar metroda, işe giden insanları inceliyorum: Çoğunun yüzünde donuk, mutsuz bir ifade var. Düşünüyorum: *Gerçekten sevdikleri bir işe gidiyor olsalardı, nasıl görünürlerdi acaba?* Beden dilleri nasıl değişirdi? Yüz ifadeleri nasıl olurdu? Çevreye yaydıkları enerji böyle mi olurdu? O depresif ifadelerin arkasında keşfedilmemiş ne ressamlar, yazarlar, sporcular, müzisyenler, dansçılar, öğretmenler, oyuncular var kim bilir?

Herkes tutku duyduğu, şanslıysa potansiyelinin de olduğu alanda çocukluk döneminden itibaren desteklenseydi, ne olurdu? Bunun doğal bir sonucu olarak toplumda başarılı ve mutlu insan sayısı çok daha fazla olmaz mıydı? Bazı sabahlar metrodaki insanları, tutkusu ve yeteneği desteklenmiş birer çocuk olarak hayal ediyorum. Öyle olsaydı dünyanın nasıl bambaşka bir yer olabileceğini düşünmeden edemiyorum.

Başarılı ve mutlu çocuklar yetiştirmek için eğitim sistemi nasıl olmalı?"

Bana bir röportajda "başarılı ve mutlu çocuklar yetiştirmek için eğitim sistemi nasıl olmalı?" diye sordular.

İsterseniz cevabı birlikte düşünelim: Bir işte çok başarılı olmak için ne gerekli? O işi en iyi yapanlar arasında olmak. Bir işi en iyi yapanlar arasında olmak ne demek? O işin uzmanı olmak. Bir işin uzmanı olmak için ne gerekli? Yıllarca, yorulmadan, sebatla, tutkuyla çalışmak. Bir alanda yorulmadan, içten gelen bir motivasyonla çalışmak için ne gerekli? Tutku duyduğun alanda çalışmak, çalışırken çalışıyor gibi hissetmemek, çalışmaktan zevk almak, zamanın nasıl geçtiğinin farkına varmamak... Yani akış haline girmek.

Bence mutluluk ve başarıyı birleştiren, *akış yolu.*

Çocuklar için şu anki eğitim sisteminde akış mümkün mü?

Çek şair Rainer Maria Rilke, "*Yaptığım iş bir nehir gibi aksın... Ne kimse beni akmaya zorlasın, ne durmaya zorlasın... Aynı çocuklar gibi*" demiş. Rilke'nin yaşadığı dönemi bilemem ama şu anki haliyle okullarda çocukların akış halini yaşaması çok zor.

Belki çocukların en çok akış halinde oldukları an, sıkıcı sınıf ortamından teneffüse aktıkları an olabilir! Çünkü çocuklar okulda standart bir eğitim görüyorlar. Standart yöntemlerle değerlendiriliyorlar. Sistem, kim olduklarını, yetenek ve ilgi alanlarını, hayallerini, duygularını önemsemiyor. Hayalleri varsa bile, bu hayaller standartlar çarkında un ufak oluyor, tutkuları ehlileştiriliyor.

Oysa akış, eğitim bağlamında, çocuğun duygularıyla, düşünceleriyle, kim olduğuyla bağlantılı bir teori... Eği-

timde, "tutku, yetenek, kimlik, bireysel tercihler, motivasyon, duygu" gibi kavramları temel alan bir bakış açısı gerektiriyor. Klasik okul sistemi, "akış"ın önüne set çekiyor.

Çocuğunuz ve siz, akışa girmek ister misiniz?

Akış, insanın her yaşta yaşayabileceği bir deneyim. Kendinizi bulduğunuz faaliyetler bir mesleğe dönüşmeyebilir, ama bir hobi olarak da hayatınıza anlam katabilir. Peki akışa girmek ve çocuğunuzu bu yönde desteklemek için neler yapabilirsiniz?

Kendinizi en çok ne zaman kaybediyorsunuz?

En çok neyi yapmaktan zevk aldığınızı bulun. Bir enstrüman çalmak, fotoğraf çekmek, balık tutmak, blog yazmak, kayak yapmak... En çok hangi anlarda zamanın nasıl geçtiğini unutuyorsunuz? Televizyon izlemek sayılmaz, çünkü o zaman beynimiz pasif halde, bir bitkiden farksız!

Çocuğunuz için de aynı kural geçerli. Küçük yaştan itibaren, çocuğu farklı faaliyetlerle buluşturursanız, hangi alana daha çok eğilimi olduğunu tespit edebilirsiniz. Örneğin Fazıl Say'ın annesi, o daha minicikken bütün müzik enstrümanlarını teker teker denetmiş. En sonunda Fazıl, piyanoya takılıp en çok onunla zaman geçirmeyi seçmiş.

Başka bir çocuk bloklarla bir yapı kurarken, bir diğeri dans ederken, bir diğeri bilimsel araştırma yaparken bu

zihinsel ve fiziksel trans haline girebilir. Bunu keşfetmek için de, bu farklı ortamlarda bulunması gerekir.

Eline kalem kağıt almamış bir çocuğun resme eğilimi ve ilgisi olduğunu bilmek mümkün mü? Fischer o 1 dolarlık plastik satranç setini erkenden keşfetmeseydi, yine de Fischer olur muydu?

Ne sıkılın ne gerilin.

Cziksentmihalyi, "Haz duygusu, sıkılma ve gerginlik arasında yer alır. İşin zorluk derecesi, kişinin işi yapma kapasitesiyle dengeli olmalıdır" diyor. Becerilerinize göre çok kolay bir iş, sizi sıkar. Aklınız başka yerlere gider. Diğer taraftan çok zor bir iş, sizi gerer. Oysa akış anında, bilinçaltında bir yetkinlik duygusu hakimdir.

Eğitimde de, bu sıkılma ve gerginlik arasındaki alanı tespit edip çocuğa o doğrultuda fırsatlar sunmak önemlidir. Örneğin, bugün yaşıtlarından ileride zekâ ve yetenek düzeyine sahip çocuklar, kendilerine göre çok kolay olan sınıf ortamında can sıkıntısından bir çok sorun yaşayabiliyor.

Çocuk bir problemi tek başına hiç zorlanmadan çözebiliyorsa, motivasyonu düşüyor, ilgisini yitiriyor, dalgınlaşıyor ya da hiperaktif olduğu düşünülüyor. Problem ya da görev çocuğun beceri ve bilgi düzeyine göre çok zorlaşırsa da çocuk gerilebiliyor ve vazgeçebiliyor.

Oysa akış hali, bu sıkılma ve gerginlik arasında kalan alanda gerçekleşiyor. O noktada daha uzman bir kişinin

yardımıyla çözüme ulaşması, anında geri bildirim, motivasyonunu artıracak ve yeni bir şey öğrenmesine yardımcı olacaktır. Bu problemi de destek olmadan çözebildiği noktada verilen yardım çekilebilir ve bir sonraki zorluk düzeyine geçilebilir.

Bisiklete binmeyi öğrenen çocuğun başlangıçta arkada fazladan iki tekerlek desteğiyle bisiklete binmesi ve belli bir uzmanlığa ulaştıktan sonra tekerleklerin devreden çıkarılması gibi düşünebiliriz.

Hedefiniz var mı?

Kişi, üzerinde çalıştığı alanda açık ve ulaşılabilir hedefler belirlemelidir. Bu hedefler, beceri ve yetenek düzeyine uygun olmalıdır. Michealengelo, "hayattaki en büyük tehlikelerden birisi, insanın zor hedefler koyup başaramaması değil, çok basit hedefler koyup başarmasıdır" diyor. Çocuk hedefleri belirleme sürecinde baş aktör olmalıdır, bu şekilde yaptığı işi sahiplenir. Elbette öğretmen ve aile hedef belirleme sürecinde destek verebilir.

Telefon, ritminizi bozar.

Dikkatinizi dağıtacak unsurları ortadan kaldırın. Odağınızı yitirirseniz akıştan çıkarsınız. Bir kere bu ritim bozuldu mu tekrar geri gelmesi zaman alır. Bir faaliyete girişecekken telefonunuzdan ve bilgisayarınızdan uzaklaşın. Zaten akışa girdiğinizde onlar aklınıza bile gelmeyecek.

Gözünüz saatteyse, beynin akışa giremez!

Eğer fazla zamanınız yoksa akışa hiç girmeyin! Çünkü akışa girince uzun süre kendinizi o işe odaklı çalışırken bulacaksınız. Bir noktada kesmeniz gerekiyorsa, bu verimli bir sonuç almayı engeller. Diğer taraftan önemli bir randevunuz varsa, akışa girince bunu kaçırma olasılığınız da yüksek.

İşinizle olmasa da, hobinizle akışa girebilirsiniz.

"Müziksiz bir hayat düşünemiyorum. Hayallerimi müziğin içinde yaşıyorum. Hayata müzik açısından bakıyorum. Hayatta bana en çok zevk veren şey müzik." Bu sözler Einstein'a ait. Einstein, "Bilim insanı olmasaydım, müzisyen olurdum" demiş. Müziğe gerçek bir aşkla bağlıymış ve ölene kadar da kemanı hayatının önemli bir parçası olmuş. 6 yaşındayken, ailesi halen Münih'te yaşarken keman çalmaya başlamış. Ama bir türlü sevememiş kemanı...Ta ki 13 yaşında, Mozart'ın eserlerine âşık olana kadar. Her çocuğun kalbine giden bir yol var. Mesele, o yolun nereden geçtiğini bulmak.

Keman Einstein için sadece bir hobi değil, aynı zamanda çalışmalarında büyük bir yardımcıymış. Teorileri üzerinde çalışırken bir yerde takılınca, ara verip keman çalarmış. Bu kısa keman molaları onun tekrar işine odaklanmasını sağlıyormuş. Geri döndüğünde, zihni berrak bir biçimde, problemlerini daha rahat çözebiliyormuş.

Dünya milyonlarca ilginç faaliyetle dolu!
Her gün, yapmaktan hoşlanmadığınız işlere harcadığınız enerjinin bir kısmını, yapmaktan hoşlandığınız bir şeye aktarın. Bu belki sizin için fotoğraf çekmek, örgü örmek, tenis oynamak, sudoku çözmek gibi yepyeni bir faaliyet olabilir. Belki de zor olduğunu düşünüp yeterince yapmadığınız bir faaliyete daha çok zaman ayırabilirsiniz.

Bir şey başta zor görünse de, yavaş yavaş, öğrendikçe, üzerinde çalıştıkça daha ilginç ve daha kolay hale gelecektir. Belirli bir yetkinlik düzeyine ulaşınca da, kendinizi flow anında bulabilirsiniz!

Hayat amacının ve mutluluğun aktığı yolu bulmak için geç değil. Sizin yolunuz hangisi?

> *"Yeryüzünde her insanın kendisini bekleyen bir hazinesi vardır", dedi yüreği delikanlıya. "Biz yürekler, insanlar artık bu hazineleri bulmak istemedikleri için bundan pek ender söz ederiz. Onları küçük çocuklara anlatırız. Sonra herkesi, kendi yazgı yoluna göndermek işini hayata bırakırız. Ne yazık ki, pek az insan kendisine çizilmiş olan yolu izliyor; oysa bu yol, hayat amacının ve mutluluğun yoludur."*
>
> **Paulo Coelho**, *Simyacı*

"İMKÂNSIZ" SANDIĞINIZ ÇOCUK "ULAŞAMADIĞINIZ" ÇOCUK OLABİLİR

Umut köydeki bir yol gibidir. İlk başta ortada bir yol yoktur. Ancak giderek daha fazla kişi tekrar tekrar yürüdükçe, bir yol ortaya çıkar.

Lu Xun

Yıl 1957. Ali Neill, ABD'nin güneyinde, ırkçılığın kol gezdiği Arkansas eyaletinde okula giden zenci bir oğlan çocuğuydu. Herkesin iflah olmaz gözüyle baktığı, öğretmenlerini ve hatta okuldaki kütüphane görevlisini sinirden ağlatacak kadar "zor bir çocuk"tu.

Günlerden bir gün, Ali'nin yolu nasıl olduysa okulun kütüphanesine *düştü*! Kütüphanede gözüne bir kitap ilişti. Kitabın kapağında, seksi bir kadın resmi vardı. Kapak, Ali'nin ilgisini çekmeyi başarmıştı. Kütüphane görevlisi Bayan Grady'ye gidip kitabı normal yollardan istemedi. Bunun yerine, kitabı çaldı!

Eve gidince kitabı açıp okumaya başladı. Çok hoşuna gitmişti. Bitirince tekrar kütüphaneye gitti. Aynı yazarın başka bir kitabını çaldı. Bunu tam dört kez yaptı Ali!

Bütün bu çalma ve okuma süresi boyunca, farkında olmadan bir kitapsevere dönüşmüştü. Kitap okuma alışkanlığı sonucunda notları inanılmaz yükselmişti. O iflah olmaz çocuk, okuldan yüksek başarıyla mezun oldu. Sonrasında, o dönemde bir Afrika kökenli Amerikalı için çok zor olmasına karşın, toplumda tanınan ve saygı gören başarılı bir avukat oldu.

Hikâye burada bitmiyor. Hikâye, burada başlıyor.

Ali yıllar sonra vefa duygusuyla okulunu ziyaret etti. Kütüphane görevlisi Bayan Grady'i bularak kütüphaneden defalarca kitap çaldığını itiraf etti. Bayan Grady'nin yanıtı ise "insanlık ölmemiş" dedirten cinstendi: "Biliyorum!"

Bayan Grady, daha ilk günden itibaren Ali'nin kitabı çaldığının farkındaydı. Ancak onun zor, kural tanımaz bir çocuk olduğunu biliyordu. Kitabı normal yollardan istemesinin "*asi çocuk*" imajını sarsarak onu utandıracağını hesap etmişti. "Çünkü asi ve zor çocuklar kitabı almaz, çalar"dı. Bayan Grady, Ali'yi suç üstü yakalamak yerine, kitabı çalmasına bilerek izin vermişti.

Bununla da yetinmemişti. O hafta sonu arabasına atlamış, 70 mil ötedeki Memphis'e gitmişti. Kendi cebinden parasını ödeyerek aynı yazarın başka kitaplarını da almıştı. Kitapları her hafta Ali kütüphaneye gelmeden önce, sevdiği yazarın kitaplarının olduğu rafa yerleştirmişti. Böylece Ali her hafta rafta yeni bir kitap bulabilmişti.

Bayan Grady, herkesin *umutsuz vaka* gözüyle baktığı bir çocuğa ulaşmak için üç adım izlemişti:

1. Çocuğu "umursamak"
2. Karakterini ve ihtiyaçlarını anlamaya çalışmak
3. Onu kazanmak için eyleme geçmek.

Grady, yıllar sonra, amacının "çocuğun içindeki potansiyeli ateşlemek" olduğunu söyledi. Amacına ulaşmıştı.

Çocuğun doğasına saygılı mısınız?

Çocuk eğitimindeki en kritik becerilerden biri, yaklaşım esnekliğidir. Çocuğa kendi doğamıza göre değil, onun doğasına ve değerlerine göre davranmamız büyük bir avantaj kazandıracaktır.

Hikâyedeki Ali gibi keskin karakterli çocuklarla bağ kurmanın yolu, onların tarzından yola çıkmaktır. Bir ipi arkasından iterek ilerletebilir misiniz? Hayır. İpin yapısı buna müsait değildir. Ama önünden çekerseniz, düzgün bir şekilde gerisi gelecektir.

Çocuğunuzla çözemediğiniz, kronikleşmiş sorunlar var mı? Düşünün. Yaklaşımınızı nasıl değiştirseydiniz, daha farklı sonuçlar elde etme imkanı bulurdunuz?

BÖYLE ANAOKULU GÖRMEDİNİZ!: HİPERAKTİVİTE BİR MİMARİ TASARIM BOZUKLUĞU MU?

Anaokulu deyince aklınıza gelen görüntüler neler? Rengarenk sınıflar mı? Etrafa saçılmış oyuncaklar mı? Minik masalar, sevimli sandalyeler, etrafına çocukların dizildiği yuvarlak bir halı, duvarlara asılı yazılar ve resimler, ortalıkta dolaşan minyatür bedenler mi?

Bunların hepsi aklınızdan geçmiş olabilir, ama eminim çoğunuz bütün bunları dört duvar arasında hayal ettiniz, değil mi?

Bir an için hayalinizde ördüğünüz o duvarları yıkın. Zihninizin kapılarını kocaman, etrafı ağaçlarla çevrili, yemyeşil bir bahçeye açın. Üstüne de devasa bir simit şeklinde bir yapı yerleştirin: Tokyo'daki Fuji Anaokuluna hoş geldiniz!

Okulun mimarları, kendileri de anne baba olan Takahuru çifti. Mimari tasarımın arkasındaki vizyon, *çocukların bağımsızlık ve özgürlük duygusunu artırmak.*

Fuji Anaokuluna devam eden 500 çocuk var. Okul binası, dev bir oyuncak gibi tasarlanmış! Mimarlar, "Çocuklar daireler çizerek koşmayı sever" ilkesinden yola

çıkarak oval bir mekân yaratmışlar. Çocuklar, çevresi 183 metre olan ovalin etrafında özgürce koşuyorlar. Uzaklara koşup kaybolmuyorlar, ne de olsa "daire" bu. Gidebilecekleri en uç nokta başladıkları yer!

Okulda her şey o kadar açık ve şeffaf ki, köşeye sıkışmak mümkün değil!

Böyle bir ortamda kimsenin bir diğerini *köşeye çekip* zorbalık yapması da mümkün değil, çünkü köşe diye bir şey yok. Büyük olasılıkla *köşeleri olan* insanlar da çıkmaz buradan!

Ovalin ortasında geniş bir oyun alanı var. Bir okul gösterisi ya da toplantı olduğunda, çocuklar ovalin üst kısmına çıkıyorlar. Yan yana oturup ayaklarını kenardaki korkuluklardan aşağıya sallandırarak, hep birlikte aşağıdaki gösteriyi izliyorlar.

Bu tasarım bana İtalyan Reggio Emilia anaokulunun mimarisini hatırlattı. Dünyaca ünlü Reggio modelinde de, sınıflar ortadaki bir "piazza"ya, yani bir meydana açılır. Burası, herkesin toplandığı bir şehir meydanı gibidir.

Fuji Anaokulunda ön, arka, iç, dış gibi bir kavram yok. İç ve dış mekân arasındaki geçişler çok belirsiz. Birbirine geçişte vize istemeyen ülkeler gibi! Bir bütünlük ve dostluk havası var.

Reggio'nun mekânları da aralarında net sınırlar olmayan, akışkan mekânlardır. Çocuklar mekânda serbestçe dolaşırlar. Bu tarz bir açıklık sayesinde etkileşim de artar. Birlik duygusu pekişir. Zaten amaç da budur. Genel olarak "açıklık" bir değer olarak benimsenir. Mimari tasarım bu vizyondan beslenir.

Mimari; insan karakterini, davranışını, dünya görüşünü şekillendirmede çok önemli bir rol oynuyor. Düşünsenize, böyle geçişken bir ortamda yetişen çocuklar, ileride ülkeler arasındaki sınırlara da karşı çıkmazlar mı?

Dört duvar arasına sıkıştırılmış sınıflara, kübikler halinde düzenlenmiş iletişimsiz ofis ortamlarına, insanları birbirinden ayrı düşüren her türlü uygulamaya hayır demezler mi?

İyi bir dünya, iyi düşünülmüş ve iyi niyetli bir okul öncesi eğitim vizyonuyla mümkün olabilir.

Fuji Anaokulu inşaatında, ağaçlar kesilmemiş; binanın içinden geçiyor. Türkiye'de olsa, o ağaçlar kesilip yerine

herhalde *Fuji-san MyWorld* yapılırdı! Hem ağaçlar kadar güzel eğitim aracı mı var? Ağaca tırmanma, çocuklarda başarma ve zafer duygusu yaratıyor.

Ağaçların altlarına da ağlar koymuşlar. Çocuklar ağaçlara tırmansın, düşerlerse ağlara düşsünler diye! Bu okul, aileleri ve çocukları farklı şekilde *ağına düşürüyor*!

Mimar Takahuru, "Ortamda bir doz tehlike de olmalı" diyor. Oyun alanındaki bazı yerler biraz yüksek ya da dar tasarlanmış. Çocuklar buralara inip çıkarken birbirlerine yardım ediyorlar. "Gelecek nesil işbirliği içinde olsun" ilkesinden yola çıkarak okulu böyle tasarlamışlar. Çocukların birbirlerine yardım edebilecekleri olanakları "bilinçli olarak" oluşturmuşlar.

Bu vizyonerlik değil de nedir?

Orman Anaokulu

Doğayla iç içe başka bir anaokulu modeli de "Orman Anaokulu". Bu okullar özellikle Avrupa'da çok yaygın. Almanya'da 1000'in üzerinde Orman Anaokulu var. "Hiperaktivite" sıkıntısı yaşayan çocuklar, ilaç tedavisine gerek kalmadan buralarda düzeliyorlar. Bunun da ötesinde, doğayla iç içe yapılan eğitimde, çocukların daha iyi problem çözebildikleri, daha eleştirel düşündükleri ve daha sebatkar oldukları belirtiliyor.

Mimar Takaharu da, Fuji Anaokulundaki çocukların odaklanabilme becerilerinin çok yüksek olduğunu söylüyor. Takaharu'ya gidip "hiperaktivite, Ritalin, ilaç" de-

sem, herhalde "Zihnin bulanmış, ovalin etrafında bir tur at, biraz oksijen al, açılırsın" diye cevap verirdi.

Hiperaktivite, bir "mimari tasarım bozukluğu" olabilir mi?

Şaka bir yana, düşünmeden edemiyorum: Hiperaktivite, bir *mimari tasarım bozukluğu* olabilir mi? Yanlış mekânlara hapsedilmiş küçük bedenlerin ilaç kullanmak zorunda bırakıldığı bir mimari tasarım bozukluğu.

Bir gün hiperaktivitenin böyle tanımlanmasını diliyorum. En azından yükü çocukların omuzundan alan bir tanım olur. Uzun süre hareketsiz kalınan ortamlarda, hareket ihtiyacı duyduğu için ilaç verilen çocuklara içim acıyor.

Sorun sadece mimari tasarım sorunu değil elbette. Çocuklara küçükten sorumluluk öğretilmemesi, kuralsız ilkesiz ev ortamları, küçük yaşta ekran bağımlısı haline dönüştürülen çocuklar...

Bir de koskoca bir ilaç endüstrisi var tabii. Hiperaktivitenin kontrolünde tek yaklaşım çocukları "ilaçlamak" değil. Bu konuda Amerikan ve Avrupa ekolü farklılaşıyor. ABD'de hiperaktivite, biyolojik bir sorun olarak tanımlanıyor. Tedavisi de biyolojik ilaçlarda aranıyor.

Fransa'da ise çocuk *hapı yutmadan önce* doktorlar sorunun altındaki olası diğer sorunlara bakıyorlar. Çocuğun sosyal ortamını araştırıyorlar. Aile ortamını inceliyorlar. Önce psikoterapi ve aile danışmanlığı yöntemlerine başvuruyorlar.

İlaç vermek bu kadar kolay olmaya devam ettiği sürece, bunu ısrarla yazmaktan vazgeçmeyeceğim. O omuzlar bu ağır yükler için çok küçük!

Çocuklar ne vizyonsuz fiziksel mimarimizin ne de vicdansız düşünce mimarimizin mağduru olmayı hak ediyor. Onlar, bugün onlara vermeyi seçtiklerimizden çok daha iyisini hak ediyorlar.

DÜŞÜNEN VE SORGULAYAN BİR ÇOCUK YETİŞTİRMEK: "GELECEĞİMİZ GEÇMİŞİMİZİ GÜZELLEŞTİRİR Mİ?"

– *Anne, bu bir rüya mı?*
– *Değil.*
– *Neden? Nasıl biliyorsun?*
– *...*

Bu diyalog arkadaşım Özge'yle 3, 5 yaşındaki oğlu Kaan arasında geçmiş.

"Düşünüyorum, öyleyse varım" sözüyle ünlü filozof Descartes da, Kaan'dan çok daha ileri bir yaşta, Kaan'la aynı soruyu sormuş: *"İnsan rüya görmediğinden nasıl emin olabilir? Dünya gerçekten bize göründüğü gibi mi?"*

Her çocuk filozof mudur?

Filozof sözcüğünün anlamı, *bilgiyi seven*. Çocuklar her şeyi merak eden, sorgulayan, bilmek isteyen küçük filozoflar. Tartışamayacakları hiçbir konu ya da kavram yok. Etrafımızdaki dünyaya dair oluşturduğumuz büyük kavramlar ve büyük isimler, küçük bedenlerin ve küçük beyinlerin bunları düşünemeyeceği yanılsamasını yaratıyor.

Oysa bu sadece bir yanılsama. "Tanrı var mı?", "Her şeyi Tanrı yarattıysa Tanrı'yı kim yarattı?", "Ben nasıl doğdum?", "Dünyadaki en değerli şey nedir?", "İlk insanlar konuşamıyorsa konuşmayı nasıl öğrendik?", "Anneannem ölünce nereye gitti?", "Anne, bu bir rüya mı?" Çocuklar bize sürekli metafizikle, dille, değerlerle, var oluşla ilgili sorular soruyorlar.

Çoğu zaman bu sorulara bizim de bir cevabımız yok. Ya varmış gibi yapıyoruz ya gerçekten var olduğunu sanıyoruz ya da şarkıdaki gibi "düşünme hiç, neden diye yorulma" diyerek geçiştiriyoruz.

Küçükken bazen annem ve babam odadan çıkınca düşünürdüm: Odadan çıktıkları anda acaba var olmaya devam ediyorlar mı? Yoksa buharlaşıp yok mu oluyorlar? Bunu sorduğumda etrafımdakiler "*saçma sapan şeyler düşüneceğine git yat uyu*" deyip geçerdi. Ben de bir süre sonra bunu sorgulamayı bıraktım.

Bunun bir felsefe akımı olduğunu yıllar sonra öğrendim. İrlandalı filozof George Berkeley de benimle aynı soruyu sormuş meğer. "Gözlemlenmeyen bir şey var olmaya devam eder mi?" "Ya gördüğün şeyler sen arkanı döndüğünde yok oluyorsa?" Demek ki ona birileri "git yat uyu" dememiş! Dediyse bile o uyumamış. Demek ki benim sorum o kadar da saçma değilmiş.

İçimizdeki Türkan Teyzeler

Geçenlerde 5 yaşındaki yeğenim Ali ile oyun oynuyor-

duk. Ali durup dururken "Geleceğimiz geçmişimizi güzelleştirir" dedi. Çok enteresan bir bakış açısı diye düşündüm. Çünkü "geçmişimiz geleceğimizi güzelleştirir" daha alışılmış olan düşünce sıralaması.

O sırada ortamda bulunan komşu Türkan Teyze, Ali'yi düzeltmekte gecikmedi:

– Oğlum, o öyle değil. *Geçmişimiz geleceğimizi güzelleştirir* olacak.

Türkan Teyze adını tarihe altın harflerle yazdırmış bir filozof değil ama kendi düşüncesini Ali'nin beynine altın harflerle yazmaya kararlı görünüyordu.

Neyse ki Ali'nin ablası Zeynep araya girdi. 9 yaşında henüz tam *yetişkinleştiremediklerimizden* kıvamındaki beyni, hakemlik yapmak için idealdi. Çocukluğun sorgulayan dünyası ile yetişkinliğin sorgulamayı bırakan ve bıraktıran dünyası arasında, araftaki yeğenim, filozof kardeşini savundu:

– Türkan Teyze, bence Ali şöyle demek istedi: Bugün iyi bir şey yaparım. Yaptığım bu iyi şey sayesinde yarın daha güzel olur. Yarın, bugün yaptığım şey geçmiş olacak. Yani geleceğimi düşünerek geçmişte güzel bir şey yapmış olurum. Geleceğim geçmişimi güzelleştirir.

Çocukların bu muhteşem beyin jimnastiğini merakla izlerken, *büyük Türk düşünürü* sevgili Türkan Teyze yine araya girdi:

– Öyle değiiiil! Yanlış! Geçmişimiz geleceğimizi güzelleştirir olacak.

9 yaşımdaki yeğenimle birbirimize baktık. "Ne söylesek boş" anlamında gülümsedik. Türkan Teyze asla kötü niyetli değildi. O da tüm iyi niyetiyle kendince "doğru yolu" göstermeye çalışıyordu.

Ama ne yalan söyleyeyim, yeğenimin Türkan Teyze'nin değil de benim safımda olduğunu bilmek, beni bir hala olarak müthiş gururlandırdı. Ali ise çoktan oyununa geri dönmüştü. Hayali kahramanlar yaratarak *yaşadığı anı güzelleştirmekle* meşguldü.

Çocuklar sürekli hayatı sorgulayan küçük birer filozof. Kafalarında bazen bize tuhaf gelen, ilginç sorular dönüp duruyor. Sonrasında ne olduğu malum. Bazen bir Türkan Teyze çıkıp onlara yanlış düşündüklerini söylüyor, bazen bir başkası "saçmalama yat uyu" diyerek düşünceyi uyutuyor, bazen çocuklar okulda sorgulamayı bırakıyorlar, bazen de tüm engelleri aşarak hayatı filozofça sorgulamaya devam ediyorlar.

Sorgusuzluk zindanında hapis çocuklar

Arkadaşım Facebook'ta oğluyla diyaloğunu yazdığında, altına şu yorumu yazdım:

"*Her çocuk filozoftur, ta ki....* Haydi bu cümleyi tamamla."

Cevap, çok geçmeden Kaan'ın felsefe öğretmeni olan anneannesinden geldi.

"Bu cümleyi Karl Jaspers şöyle tamamlamış: "*Ta ki biz onları sorgusuzluk zindanına kapatıncaya dek.*""

Nokta.

Anneanne felsefe öğretmeni olunca, anne de düşünen ve sorgulayan bir anne oluyor. Çocuk da büyük olasılıkla düşünen ve sorgulayan bir çocuk olarak yetişiyor. Üstelik "Kaan Maximilianus Kaiser" gibi iddialı da bir ismi de varsa, ileride de filozof olmaması için hiçbir sebep yok!

Bunlar yoksa, çocuk hayata Schopenhauer gibi düşünerek başlayıp, *shopping hour*'u hayal ederek devam ediyor!

Çocuğunuza düşünmeyi öğretmek ister misiniz?

Çocuklara düşünmeyi öğretmek istiyorsanız,
küçükken onlara ciddi davranarak işe başlayın.
Onlara sorumluluklar verin, samimiyetle konuşun,
mahremiyete ve yalnız kalmalarına imkân tanıyın,
en başından itibaren önemli düşünceleri okuyup
düşünmelerini sağlayın.
Tabii bütün bunları onlara düşünmeyi öğretmek
istiyorsanız yapın.

Bertrand Russell

Antik Çağ filozofu Sokrates "sorgulanmamış bir hayat yaşanmaya değmez" demiş. İnsanın *filozof doğup koyun ölmemesi* için sürekli sorgulamaya devam etmesi gerek.

Bunu sağlayabilmek düşündüğünüz kadar zor değil. Aşağıdaki birkaç basit ama etkili yöntemle işe başlayabilirsiniz.

Türkan Teyze olmayın!

Siz siz olun Türkan Teyze gibi yapmayın. Çocuk size göre mantıklı olmayan bir soru sorar ya da farklı bir şey söylerse, "yanlış" demeyin. Böyle yaparak düşünme ve sorgulama kanallarını tıkarsınız. Yanlış düşünüyorsun demek yerine sadece susmak bile çocuğa çok daha büyük bir iyilik olur.

Pası çocuğa atın.

"Anne, bu bir rüya mı?" Çocuk size böyle bir soru sorduğunda ona "Bilmiyorum, sence?" sorusunu sorabilirsiniz. Top yine çocukta! Bu *geri pas*, çocuğun düşüncesini belli bir kalıba sokmadan, düşünmeye devam etmesi için yolu açar.

Sokrates'ten yardım alın!

Antik Çağ filozofu Sokrates, düşünceyi ve bilgiyi soru cevap yöntemiyle öğretmeyi seçmiştir. Bu yolla bir köleye geometri sorusu bile çözdürmüştür! Bu yöntemde amaç yeni bir şey öğretmek değildir. Kişinin bildiğini hatırlatmak ve gerçeği ona tekrar buldurmaktadır. Sokrates bunu anne mesleği olan ebelikle ilişkilendirmiştir. Soru cevap yöntemiyle bir nevi *fikir ebeliği* yapmaktadır.

Siz de çocuğunuzun fikirlerine ebelik yapabilirsiniz. Sokrates gibi sorular sormaya devam edebilirsiniz. Böylece sadece onun düşünmesini sağlamakla kalmazsınız,

kendi düşüncelerinizi de taze bir beynin bakış açısından yeniden değerlendirebilirsiniz.

Cevapsızlık kötü bir cevap değildir.

Arkadaşımın oğlunun sorusu karşısında hiçbir şey söyleyememesi son derece doğal bir tepki. "Yanlış" ya da "saçma" gibi kesin bir yargıdansa, tereddüt daha iyi ve dürüst bir cevap. Çocuk soru sorunca bir cevap veremeyebilirsiniz. Bu, "birlikte düşünelim, birlikte araştıralım, birlikte okuyalım" gibi adımlarla da devam edebilir.

"Ne düşünüyorsun?" sorusunu siz sorun.

Çocuğun size bir şey sormasını beklemeden ona belli konularda ne düşündüğünü sorabilirsiniz. Proaktif bir anne olabilirsiniz! Bu, çocuğun düşünen ve sorgulayan bir birey olarak yetişmesini pekiştirecek, basit ama etkili bir yöntemdir.

Çıtır Çıtır Felsefe.

Çıtır Çıtır Felsefe (Günışığı Yayınevi), *Küçük Filozoflar* (Metis Yayınevi) serisi gibi, çocuklara yönelik felsefe kitaplarından destek alabilirsiniz. Bu tarz kitaplar, cevaplamada yetersiz kaldığınız durumlarda destek sağlayabilir. Ayrıca bu kitapları birlikte okuduğunuzda, büyük filozofların büyük düşüncelerinin sizin küçük filozofunuzun büyük düşüncelerine ne kadar benzediğini de göreceksiniz.

***Neden, niçin, nasıl* soruları evinizden, sınıfınızdan eksik olmasın.**

Okuduğunuz her hikâyede, konuştuğunuz her konuda, başınıza gelen her olayda "neden, niçin ve nasıl" sorularını sormak, çocuğunuzun sorgulamayı bir alışkanlığa dönüştürmesini sağlayacaktır. Fazla merak iyi değil diyorsanız bütün bunları konuşmamızın da bir anlamı yok elbette!

Picasso, "Her çocuk bir sanatçıdır. Sorun büyüyünce nasıl sanatçı kalabildiğimizde" demiş. Bana sorarsanız, her çocuk aynı zamanda bir filozoftur. Mesele filozof kalabilmekte.

Çocuklarınıza yaşamdan söz edebilirsiniz,
ama sizin sözleriniz, yaşamın kendisi olmaz.
Onlara, gördüklerinizi gösterebilirsiniz,
ama sizin gösterdiklerinizle onların gördükleri
ilelebet farklı olacaktır.

William Martin

BEDENİ BİR MUTLULUK MAKİNESİNE NASIL DÖNÜŞTÜRÜRSÜNÜZ?

Hadi gülümse, bulutlar gitsin.
İşçiler iyi çalışsın, gülümse.
Yoksa ben nasıl yenilenirim ?
Belki şehre bir film gelir,
Bir güzel orman olur yazılarda,
İklim değişir, Akdeniz olur...
Gülümse.

Kemal Burkay

Bundan iki sene önce, yaşıma başıma bakmadan kayak öğrenmeye kalkıştım. Uludağ'da iki gün üst üste birer saat kayak dersi aldım.

İlk gün, kayak takımlarını kiraladığım yerde, bana rastgele bir kayak hocası belirlendi. Kimin ders saati boşsa, hocan o oluyordu.

İlk gün bana denk gelen kayak hocasıyla birlikte telesiyejle dağın tepesine çıktığımız o anı hatırlıyorum. İlk defa kayak yapacak olmanın gerginliği içindeydim. Kayak hocası tekniği defalarca anlattı bana. Defalarca denedim ama bir türlü beceremiyordum.

Hocaya şakayla karışık, "Galiba ben bu iş için biraz beceriksizim" dedim. Cevap olarak, *"evet, Türkler genellikle beceriksiz oluyor"* dedi!

Ne yalan söyleyeyim, bu derece dürüstlük beklemiyordum. Beceriksizliğim işin ustası tarafından da onaylandıktan sonra daha beter düşmeye başladım.

Bir eğitimci olarak, kendi söküğünü diken terzi misali, "Kendimi hemen olumsuz değerlendirmemeliyim, herkes ikinci bir şansı hak eder" diye düşündüm. Ertesi gün cesaretimi toplayıp bir ders daha almaya karar verdim.

İkinci Kayak Öğretmeni

İkinci gün başka bir hocaya denk geldim. Bu hocanın adı Ahmet'ti. Telesiyejle dağın tepesine çıktık. Onu yaşayacağı hayal kırıklığına hazırlamak için, "Ahmet Hocam", dedim, *"aklınızda bulunsun, dünkü hoca yeteneksiz olduğumu teyit etti, benden çok bir şey beklemeyin!"*

Ahmet Hoca, "Sen hayatında kaç kez kayak yaptın?" diye sordu.

"Dün ilk kez yaptım."

"Gel" dedi. "İlk yapman gereken hareketi söylüyorum. Hazır mısın?"

Gerginlik içinde cevap verdim: "Evet."

Ahmet Hoca, efsanevi talimatı verdi: "Gülümse!"

"Gülümse" mi? Kayakla gülümsemenin ne alakası var diye düşündüm. "Bugün de kayak öğrenemeden bitecek anlaşılan" diye geçirdim içimden. Zoraki gülümsedim.

"Gerçekten gülümse" dedi. "O kadar gerginsin ki... Gülümse, rahatla, dik dur ve ne kadar iyi olabileceğini düşün!"

Bu sözlerle gerçekten gülümsedim. Birden vücudumun kimyasının değişmeye başladığını hissettim. Bedenim kaskatı halden *az katı* hale geçmeye başlamıştı. Bir yandan tekniği anlatmaya devam ediyordu. "Unutma, sürekli gülümseyeceksin" dedi.

Tepeden aşağı doğru inmeye başladık. "Yeteneksiz olmak bir yana, çok iyisin" dedi bana. Bu övgüden sonra artık slalom yapıyordum!

Bu ani değişim nasıl olmuştu? Bir gülümsemenin bu kadar güçlü bir etkisi olabilir miydi?

Bunu araştırmaya karar verdim. Karşıma *bedenlenmiş biliş* diye bir teori çıktı.

"Bedenlenmiş Biliş" Nedir?

> *Mutlu olduğumuz için gülmüyoruz,*
> *güldüğümüz için mutlu oluyoruz.*
> **William James**

Duygularımızın beden hareketlerimizi nasıl etkilediği malum. Mutlu, güvenli, gururlu hissettiğiniz durumlarda dik dururuz. Her anlamda *göğsümüzü gere gere* dolaşırız. Başımız yukarıdadır.

Diğer taraftan depresif ya da çaresiz hissettiğimiz anlarda, neredeyse oturduğumuz yerde *çökeriz.* Başımız *eğilir*, boynumuz *bükülür*, suratımız *düşer*. Mutsuzluğun yer çekimiyle bir ilişkisi olmalı!

Duygularımız, beden hareketlerimizi etkiler. Peki tam tersi de mümkün mü? Bedensel hareketlerimiz duygu ve düşüncelerimizi değiştirebilir mi? Durduk yerde suratımızı assak kendimizi kötü hisseder miyiz mesela? Sebepsiz gülümsemek mutluluk hormonu salgılatır mı? Bedenimizin bizden bağımsız bir zekâsı var mı acaba?

İşte *bedenlenmiş biliş* (*embodied cognition*) kavramının temeli de bu. Bedenleşmiş biliş, bedenimizi kullanarak düşünce ve duygularımızı kontrol etmek demek. Beden hareketlerimizin, duruşumuzun, jestlerimizin, yüz ifademizin duygu ve düşüncelerimizi değiştirmesi anlamına geliyor.

Gülümsememiz, oturuşumuz, el kol hareketlerimiz; duygularımız, özgüvenimiz, düşüncelerimiz üzerinde tahmin edemeyeceğimiz kadar etkili. Bunu kendiniz de deneyebilirsiniz. Bir cümleyi kaşlarınızı çatarak okuduğunuzda, o cümlenin içeriğinin daha öfkeli olduğunu düşünüyorsunuz.

Bir metni okurken, dişlerinizin arasına kalem koyarak okuduğunuzda, ağzınızda meydana gelen gülümsemeye benzer hareketle, okuduğunuz metni daha komik bulabiliyorsunuz.

Aynanın geçip kendi kendinize gülümsediğinizde, bedeniniz mutluluk hormonu salgılıyor. Kendinizi daha iyi hissediyorsunuz.

Araştırmalar ne söylüyor?

Columbia Üniversitesi İşletme Fakültesinden Prof. Carney ve arkadaşları bir çalışma yürütmüş.[*] Çalışmada katılımcılar iki gruba ayrılıyor. Farklı oturma pozisyonlarda oturmaları isteniyor. Bir grup kolları yana açık, bacakları yayılmış bir pozisyonda oturuyor. Diğer gruptakiler kollarını kavuşturmuş halde oturuyor. Bacakları bitişik.

Katılımcılarla 2 dolarlık bir bahis oyunu oynanıyor. Daha açık pozisyonda oturanların daha çok risk aldığı görülüyor. Zarları atarken daha güçlü ve kontrollü görünüyorlar. Oyun sırasında salgıladıkları stres hormonu kortizol de, diğer grubunkinden daha düşük düzeyde çıkmış.

Northwestern Üniversitesi Kellog İşletme Fakültesinde yapılan başka bir araştırmada da katılımcılar yine iki gruba ayrılmış.[**] Oturma pozisyonları aynı birinci araştırmadaki gibi. Müdür ve çalışan rollerine bürünmüşler. Müdürün sorularına cevap verirken, rahat pozisyonda oturan öğrencilerin çok daha özgüvenli ve güçlü durduğu gözlenmiş.

Bedeninizi Bir Mutluluk Makinesine Dönüştürmek İster misiniz?

Konuyla ilgili popüler TED konuşmasında[***], sosyal psikolog Dr. Amy Cuddy, beden dilinin duyguları nasıl etki-

---

* https://www.ncbi.nlm.nih.gov/pubmed/20855902)

** http://pss.sagepub.com/content/22/1/95)

*** http://www.ted.com/talks/amy_cuddy_your_body_language_shapes_who_you_are#

lediğini açıklıyor. Daha iyi ve güçlü hissetmek için bilimsel araştırmalarla da desteklenen 6 öneride bulunuyor:

Güçlü duruş: Aşağıdaki resimlere bakın. Hangileri daha güvenli, hangileri daha güvensiz görünüyor?

Görsel: Amy Cuddy, Harvard Üniversitesi

Üsttekiler daha güvenli durma biçimleri. İş sadece güvenilir bir imaj yaratmakla da kalmıyor; bu şekilde durduğunuzda kendinizi gerçekten daha güçlü ve güvenli hissedebiliyorsunuz. Bunun nedeni, o duruşun vücudunuzda kimyasal bir değişime yol açması. Vücutta testosteron düzeyi yükselirken, stres hormonu olan kortizol düzeyi düşüyor.

Ne kadar dik, o kadar enerjik!

Araştırmalar kambur durmanın insanın enerji düzeyini azalttığını, hatta depresyonda hissetmesine neden olduğunu gösteriyor. Dik durmak ise, duygusal olarak güç veriyor ve enerjimizi artırıyor.

Kolları kavuştur ve odaklan.

Kolları kavuşturmak genellikle iletişime kapalı olmak şeklinde düşünülür, ancak faydası da var. Araştırmalara göre kolları kavuşturmak bir işe odaklanma kapasitemizi arttırıyor.

Rochester Üniversitesinde yapılan bir araştırmada, *ellerini dizlerine koyarak* çalışanlarla *kollarını kavuşturarak* çalışanlar karşılaştırılmış. İkinci gruptakilerin çalışmaya daha uzun süre devam edebildiği görülmüş. Deneyin; en kötü ihtimalle bu yazıyı sonuna kadar okursunuz!

Simultane çevirmenlerin elleri neden hep havada?

Mimik ve jestler kullanarak konuşmak, bir şeyi karşı tarafa daha iyi anlatabilmenizi sağlıyor. Bir simultane çevirmen olarak, el kol hareketinin beyni harekete geçirme gücünü her gün bizzat yaşıyorum. Cümleleri çevirirken ellerimi ve kollarımı kullandığımda, mesajı hem daha net hem de daha akıcı iletebildiğimi hissedebiliyorum. Beynim kollu bir müzik kutusu gibi; kollarım hareket ettikçe, beynim de harekete geçiyor.

Ayrıca jestler öğrenmeyi de güçlendirebiliyor. İlk okul öğrencileriyle yapılan bir araştırmada*, yeni bir matematik kavramı öğretilirken, bir grup çocuğa, öğrendikleri kavramı jest ve mimikler kullanarak açıkla-

---

* http://www2.psychology.uiowa.edu/faculty/cook/Resources/08CognitionLearningLast.pdf

ma zorunluluğu getirilmiş. Diğer grup çocuklardan ise, hiçbir hareket kullanmaksızın konuyu sadece anlatmaları istenmiş.

İlk gruptaki çocukların konuyu daha kalıcı biçimde hatırladıkları görülmüş. Çocuklara bir şey öğretirken hareket etmelerini teşvik etmek, öğrenmeyi güçlendirebilir. Evinizde, okulunuzda, sınıfınızda deneyebilirsiniz.

Kasmak ya da kasmamak, işte bütün mesele bu!

Başka bir araştırmada*, üniversite öğrencilerine bir dizi zorlu görev verilmiş. Kimi zaman ellerini buz gibi suda bekletmeleri, kimi zaman ekşi sirke içmeleri söylenmiş. Yumruklarını ya da kaslarını sıkan öğrencilerin yapılan testlerde daha başarılı olduğu görülmüş.

Yapılan beş ayrı araştırma, insanların kaslarını sıkmasının iradelerini güçlendirdiğini ortaya koymuş. Acıya, yeme isteğine ve irade gerektiren başka durumlara karşı dayanıklı kalabilmişler.

Gülümseyin, bulutlar gitsin!

Gülümsemenin kalp atışını düzene soktuğu ve mutluluk hormonu diye bilinen *endorfin* salgılanmasını sağladığı belirtiliyor.

---

* http://www.jstor.org/stable/10.1086/657240

Anneler boşuna "dik dur" demiyor!

Sürekli dik durmamızı, gülümsememizi öğütleyen annelerimiz demek ki içgüdüsel olarak bir şeyler biliyor.

"Yavrum dik dur, bedenlenmiş biliş teorisine göre modun ve enerjin yükselir" demiyorlar ama bazen annelerin basit cümlelerindeki bilgelik, yüz uzmana bedeldir!

YOKLUK MU BOLLUK MU YARATICILIĞI BESLER?

Gerçek keşif, yeni diyarlar bulmak değil,
eski yerlere yeni gözlerle bakmaktır.

Marcel Proust

13 yaşındaki Richard Turere, Kenya'nın Masai kabilesindendi. Gergedanlar, zürafalar ve aslanlarla dolu bir milli parkın yakınında yaşıyordu.

Parkın güney kısmındaki çitler zayıf olduğundan, parktaki aslanlar kolaylıkla kaçabiliyordu. Halkın tek geçim kaynağı olan büyükbaş hayvanlara saldırıp onları parçalıyorlardı. Bölgedeki savaşçılar, çözümü aslanları öldürmekte bulmuştu.

Kabilede, 6-9 yaş arasındaki çocuklara büyükbaş hayvanları gütme görevi veriliyordu. Richard da 9 yaşından beri babasının büyükbaş hayvanlarını gütmekten sorumluydu. Aslanların hayvanlarını parçalaması, savaşçıların da aslanları öldürmesi onu çok üzüyordu. Üzülmekle yetinmeyip bu konuda bir şeyler yapmaya karar verdi.

Öncelikle ateşle ilgili bir çözüm düşündü, çünkü aslanların ateşten korktuğunu sanıyordu. Bazı denemeler yaptıktan sonra, öyle olmadığını keşfetti. Pes etmedi. Başka bir çözüm aramaya devam etti.

İkinci fikri korkuluk kullanmaktı. Korkuluk fikri de işe yaramadı. Aslanlar daha akıllı çıktı! İlk gün gelip bir baktılar. O gün hayvanlara saldırmadan geri döndüler. İkinci gün geldiklerinde korkuluğun hâlâ aynı yerde hareket etmeden durduğunu gördüler. Bunun bir hile olduğunu anladılar ve yine çiti aşarak inekleri öldürdüler.

Bu deneme de çözümsüz kalmıştı.

Aslan ışıkları

Richard boş zamanlarında elektrikli aletlerle oynamayı seviyordu. Onları parçalara ayırıp tekrar birleştiriyordu. Hatta bir gün annesinin yeni radyosuna da aynı şeyi yapınca elinden zor kurtulmuştu!

Bugün, "Olsun, elektroniği bu şekilde öğrendim" diyor. Araba yedek parçalarından fanlar yapmıştı ve daha birçok ufak tefek buluşu vardı.

Bir akşam ahırda bir el feneriyle oynarken, aslanların hareket halindeki ışıktan korktuğunu keşfetti. Bu gözlemine odaklanarak çalışmaya başladı.

Sonunda, el fenerinin parçalarından ve güneş enerjisiyle şarj olan atık pillerden, "aslan ışıkları" adını verdiği sistemi üretti. Çitlerin üzerine taktığı bu ışıkları gören aslanlar korkup hızla kaçıyorlardı.

Önce kendi bahçesine, sonra yandaki yaşlı teyzenin bahçesine, sonra köydeki diğer bahçelere kurduğu bu sistem, bir süre sonra bütün Kenya'da uygulanmaya baş-

ladı. Buluşu sayesinde sadece aslanları değil, filleri, leoparları, sırtlanları da kaçırmayı başarmıştı.

11 yaşında elde ettiği bu büyük başarı, ona Kenya'nın en iyi uluslararası okullardan birinden burs kazandırdı. Bu sayede dünyanın da dikkatini çekmeyi başardı. Turere, küçük yaşında, çocukluğundan beri hayalini kurduğu uçağın içinde TED Konferansına konuşmacı olarak gitti*.

"Gerçek keşif, yeni diyarlar bulmak değil, farklı gözlerle bakmaktır," diyor Marcel Proust. Turere'nin başarısının özü de buydu. İçinde bulunduğu dünyaya farklı ve çözüm odaklı bir gözle bakabilmişti.

Başarmak için bolluk şart mı?

"Çocuklarımıza imkân tanınmıyor! Devlet nerede, özel sektör nerede, STK'lar nerede?" diye yakınabiliyoruz. Çoğu zaman haklıyız da. Ancak bir an için Richard'ın koşullarını düşünelim. Yer Kenya. Yoksul, geri kalmış bir ülke. Kaynaklar yetersiz.

Richard'ın yaratıcı başarısı kendisine tanınan özel bir imkândan mı geldi? Başarısı ona küçük yaşta kazandırılan sorumluluk duygusundan, merakından, merakını çabayla birleştirmesinden kaynaklanıyor olabilir mi?

Hatta her türlü imkâna sahip olduğu bir ortamda olsaydı, belki o da modern toplumlardaki yaşıtları gibi ka-

* https://www.ted.com/talks/richard_turere_a_peace_treaty_with_the_lions

fasını bilgisayar oyunlarından kaldıramazdı. Belki aslanları ancak sanal ortamdaki oyunlarda avlamaya çalışırdı! Önünde bir tablet ya da yaratıcılığı tetiklemekten yoksun oyuncaklar olsaydı, yine de elektronik cihazları parçalarına ayırıp birleştirir miydi? Belki bu aklına bile gelmezdi. Belki canı istemezdi. Motor becerileri ve zihinsel becerileri belki bu kadar güçlenemezdi.

Geleceğin en büyük buluşları, az gelişmiş ülkelerde yetişen, dünyaya daha saf ve farklı bir gözle bakabilen, sıkılmaya ve dolayısıyla düşünmeye vakit bulan Turere gibi beyinlerden çıkabilir mi?

Halaaaa, televizyonu açar mısıııın!

5 yaşındaki yeğenim evime geldiğinde "Hala televizyonu aç, çok sıkıldım" diye söylenmeye başladığında, eline sadece boş bir kutu ya da boş bir kağıt ve kalem veriyorum. "Sıkıldığın için çok şanslısın, çünkü çok güçlü bir hayal gücün var. Şimdi çok güzel oyunlar yaratabileceksin, birlikte oynayacağız" diyorum.

Bazen işe yaramıyor tabii ama çoğunlukla yarıyor. Anne babası ona çok güzel altyapı verdikleri için olsa gerek, işim çok zor olmuyor.

Bazen yokluk, yaratıcı düşünceyi müthiş tetikliyor. Richard'ınki gibi doğayla iç içe bir yaşam zaten başlı başına bir avantaj, çünkü doğa en teknik donanımlı laboratuvardan daha öğretici. Şehirde bu ortamı bulmak zor ama bunun için fırsatlar yaratmak mümkün. Bu bir

de merakla, içsel motivasyonla, küçük yaştan sorumluluk vermeyle birleşirse, ortaya çok büyük başarılar çıkabilir.

Çocuğunuzun yaratıcılığını nasıl geliştirirsiniz?

Mavi güneş de olur.

Mesela resimde güneşi sarı değil de mavi renkte mi çizdi, hemen müdahale etmeyin. *Mavi güneş olmaz* demeyin. Kalemi elinize alıp resmi düzeltmeyin. Çocuğun hayallerini aptalca ya da saçma olarak nitelendirdiğinize, farklı bir şey yaratma isteği ölecektir.

Kıyas, yaratıcılığın katilidir.

"Bak, Ali çatalını ne kadar düzgün tutuyor", "Bir sana bak bir Duygu'ya, o çocuk günde kaç sayfa kitap okuyor", "Ece ne kadar uyumlu giyinmiş, bir gün de seni şöyle görsek!" Yaratıcılığın özünde itaat etme ya da etmeme özgürlüğü de vardır. Bu tip cümlelerle çocuğa itaat etmesi için inceden inceye baskı uygulamış olursunuz. Yaratıcılığını köreltme yolunda bir adım daha atarsınız.

Merak, hassas bir çiçektir.

"Modern eğitim yöntemlerinin araştırmaya giden kutsal merak duygusunu tümüyle boğmamış olması bir mucize. Çünkü bu minicik hassas çiçeğin uyarılma dışında en büyük ihtiyacı, özgürlüktür" der Einstein. Yaratıcılığın da en önemli kaynaklarından ve göstergele-

rinden biri meraktır. Çocukların merak ettiği soruları "bilmiyorum, beni meşgul etme" deyip geçiştirmeyin. "Böyle saçma sapan şeyleri düşünme" diye bir kenara itmeyin. "Sence nasıl?" diye sorun. "Bilmiyorum, gel araştıralım." deyin.

Hata iyi bir öğretmendir.

Çocuğun hatasız çalışmalarını "mükemmel" diye övüyor musunuz? Hata yaptığında da "ne dikkatsizsin, ne çok hata yapıyorsun" diye eleştiriyor musunuz? Peki böyle yaptığınızda çocuk ne düşünüyor? Hata yapmanın dünyanın en kötü şeyi olduğunu düşünüyor ve bir daha ne pahasına olursa olsun hata yapmamaya çalışıyor. Bunun sonucunda ne oluyor? Yeni bir şey denemekten vazgeçiyor, risk almıyor, yeni bir şey öğrenmesi güçleşiyor, sınırlarını genişletemiyor.

Çocuğunuz nefes alsın.

Yaratıcı düşünceye yer açmak için boş kalmak ve sıkılmak da gerekir. Her anı bir aktiviteyle dolu olan çocuk, hayal gücünü devreye sokamaz. Kendini oyalamanın yolunu öğrenemeyen çocuk, *iyi vakit geçirmek* için hep dışarıya bağımlı kalacaktır. Ayrıca özgün bir şey yaratmak için zamanı da kalmayacaktır.

Boş zamanlar, beynin TV karşısındaki anlarda olduğu gibi dıştan içe doğru değil, içten dışa doğru çalışmasını sağlar. Bu da beyin kaslarını geliştirir.

Beyni besleyen aktiviteleri seçin.

Çocuğu kitaplardan, masallardan, hayal gücüne dayalı oyundan, yaratıcılığı körükleyen oyuncaklardan mahrum bırakmayın. Ya da verin eline tableti, sabahtan akşama kadar oynasın. Siz de kafanızı dinleyin, kendi tabletinize gömülün. Yaratıcılık da neymiş!?

ÇOCUĞUN ÖZGÜN DÜŞÜNME BECERİSİ NASIL ÖLDÜRÜLÜR?

Ortaokul ikinci sınıftaydım. İngilizce dersinde Amerikalı öğretmenimiz Mr. Moffett evde okumamız için "Lotus Flowers" (Nilüfer Çiçekleri) başlıklı bir hikâye vermişti.

İngilizce en sevdiğim dersti. Eve gelir gelmez verilen hikâyeyi zevkle ve dikkatle okudum. Hikâyenin bir yerinde, hikâyeye adını veren nilüfer çiçeklerinden bahsediyordu. Bu kadar çok şeyin olup bittiği bir hikâyede sadece bir cümle olarak geçen ve olay örgüsünden kopuk olan bu çiçekleri neden başlık olarak seçmişler diye düşündüm. Bence başka isimler daha uygun olabilirdi. Yine de yazarın seçimine saygı duydum. Belki bu başlıkla bir mesaj vermeye çalışıyordu, belki tüm olan bitenin içinde asıl önemli olanın bu güzellikler olduğunu söylemeye çalışıyordu. Neyse, sonuçta güzel hikâyeydi.

Ertesi gün derste Mr. Moffett hikâyeyle ilgili sorular sordu. Soru sormak için beni seçtiğinde sevindim, söyleyecek çok şeyim vardı. "Söyle bakalım, bu hikâyeye neden böyle bir başlık vermişler?" dedi. Çok mutluydum, çünkü ben de okurken aynı soruyu sormuştum. Demek ki o da bu başlığı anlamsız bulmuştu.

"Bilmiyorum, Mr. Moffett" dedim. "Ben olsam farklı bir başlık seçebilirdim, bu başlığın hikâyeyle bağı çok zayıf." Mr. Moffett bana "Çalışmamışsın" der gibi baktı. Cümleye devam etmeme fırsat kalmadan arka sıralardan bir arkadaşım, "Çünkü hikâyenin içinde göldeki nilüfer çiçeklerinden bahsediyor!" diye bağırdı.

Mr. Moffett hikâyeyi okumuş ve anlamış olduğu için arkadaşımı tebrik etti, bana da okumadığım için uyarıda bulundu. "Ama okudum" dedim, şaşkın ve kırgın bir ses tonuyla. "Dikkatli okumamışsın, bir daha dikkatli oku!" dedi.

Başka bir şey söylemek gelmedi içimden. Söylesem de bir şey değişmeyecekti. Onun istediği cevap belliydi. O gün yaşananlardan kendimce şöyle bir ders çıkarmıştım: "Sıkıysa farklı düşün bakalım. Böyle cezalandırırlar işte. Bir daha özgün olmamayı, öğretmenin beklediği cevabı vermeyi öğrenirsin. Beklenen ve bilineni söylersen ödüllendirilirsin. Farklı düşünürsen de uyarı alırsın."

Aslında önemli bir hayat dersiydi bu. Bazen çok derin düşünmemem gerektiğini, düşünsem bile yüzeysel cevaplar vermem gerektiğini orada anladım. Bu üniversite sınavında bile yardımcı oldu. Bazen "soru herhalde bu kadar kolay olamaz" diye düşünüp başka cevaplar arardım, halbuki "sistem"in benden istediği, verilen bilgiyi çiğneyip geri tükürmemdi. Bunu çözdükten sonra eğitim hayatım epey kolaylaştı. Sıkıcı ama kolaydı.

İşte sorulan soruya tek doğru cevap biçmek özgünlüğü öldürmenin böylesine etkili bir yolu. Çoktan seçmeli sınavlar da gerçeği tek şıkka indirgeyip onun "doğru şık" olduğunu empoze ediyor. Zekâ testlerinden okuldaki sınavlara kadar durum aynı. Farklı bir düşünce süreci izleyen ve farklı bir sonuca ulaşan çocuk, *yaratıcı fakat yanlış* cevaptan dolayı zayıf not alıyor. Sonuçta *farklı ve fazla düşünmemesi gerektiğ*ini öğreniyor.

Çocuğunuza özgün düşünmesi için nasıl yardım edebilirsiniz?

Çocuğa düşünme taktikleri verin.

Çocuğa okulda ve sınavlarda bazen çok düşünmemesi gerektiğini, çünkü düşündüğünden daha düşük düzeyde bir cevap istendiğini anlatabilirsiniz. Hayatın sevimsiz gerçeklerinden birini öğrenmiş olur. Derin düşünmeye sınav dışında bir platformda devam edebilir, ama sınavda bunu yaparsa yanlış cevap verebilir. Bu farkındalığa bu hikâyedeki gibi kendisi de ulaşabilir ama isterseniz işi şansa bırakmayıp siz de uyarabilirsiniz.

Devlet teşviki yoksa, aile teşviki var!

Düşünmeyi teşvik etmeyen bir eğitim sisteminde, iş yine aileye düşüyor. Büyük mucit Nikola Tesla, babasıyla yaptığı düşünme egzersizlerinin yaratıcılığını geliştirmedeki rolünü şöyle anlatıyor:

Her ne kadar sahip olduğum yaratıcılığı annemin etkisine bağlasam da, babamın bana verdiği eğitim de buna katkıda bulunmuş olmalı. Bu eğitimin kapsamında her türlü egzersiz vardı: Birbirimizin ne düşündüğünü tahmin etmek, herhangi bir şekil ya da ifadedeki hataları bulmak, uzun cümleleri tekrar etmek ve akıldan hesaplamalar yapmak. Bu günlük dersler, hafızamı ve mantığımı kuvvetlendirmek ve eleştirel düşünme yeteneğimi geliştirmek amacıyla yapılıyordu ve hiç şüphesiz son derece faydalıydı.

(Buluşlarım: Bir Dâhinin Özyaşamöyküsü)

Siz de çocuğunuzla benzer egzersizler yapabilirsiniz. Onu belli aktivitelere yönlendirerek de destekleyebilirsiniz. Şu tarz cümleler işinize yarayabilir:

"İlginç bir fikir, bu konuda bir şeyler yazmak ister misin?"
"Bu düşüncenin resmini çizsen nasıl olur?"
"Bu konuda acaba hangi kitapları okuyabilirsin?"
"Birlikte araştıralım mı?"

Gölge etmemek de bir katkıdır.
Aktif olarak bir şey yapmasanız bile, en azından çocuğunuzun özgün fikirlerini bastırmayın. "Fikrin saçma" demek, özgün düşünme becerisini yok etmenin çok etkili bir yoludur. Böyle olumsuz sözcükler dilinizin ucuna gelecek olursa, derin bir nefes alın. İçinizden 1'den 10'a kadar sayıp, o "*kötü kalpli sözcükleri*" geldikleri gibi geri gönderin!

EMEL DÖNER: BİR ÖĞRETMEN ÇOCUĞUN BEYNİYLE NASIL BAĞ KURAR?

Ortaokul ve liseyi Nişantaşı Anadolu Lisesinde okudum. Başarılı bir öğrenciydim. Her dönem takdir alırdım. Öğretmenlerim beni çok severdi. Annemle babamın en sevdikleri faaliyet veli toplantılarıydı.

Derslerim iyiydi; beden eğitimi hariç... Beden eğitimi bana zor gelirdi. Atletik bir yapım yoktu, çocukluktan beri herhangi bir spor yapmamıştım, spora ilgi de duymamıştım. Hayatımda öyle bir rol model de yoktu. Beden eğitimi notlarım 6-7 civarında olurdu. Daha yukarısını biraz zor görürdüm. Benim dünyam okumaktı, yazmaktı, romanlardı, kitaplardı.

Bir kış günüydü. Yanılmıyorsam ortaokul birinci sınıftaydım. O gün hastaydım ama evde kalmamı gerektirecek kadar hasta olmadığım için ailem beni okula göndermişti.

Şansıma o gün beden eğitimi dersinde sınav vardı. Hem de istasyon hareketleri. Ardı ardına bir sürü zor hareket... Kara kara ne yapacağımı düşünürken sıra bana geldi.

O dönem beden öğretmenimiz Emel Döner'di. Emel Öğretmene hepimiz hayrandık. Gençti, güzeldi, atletikti. Beden öğretmeni gibi beden öğretmeniydi işte. Emel Öğretmen beni görünce "Hasta mısın?" diye sordu. Rahmetli İngilizce öğretmenimiz Hasan Cengiz Akan bize hep "Ne olursa olsun bahanelerin arkasına sığınmayın" derdi.

"Hastayım ama yine de sınava girmek istiyorum" dedim. "Peki, sen bilirsin" dedi Emel Öğretmen.

Hareketlere başladım. Maratona katılmış gibi hissediyordum. Yanlış hatırlamıyorsam 8-10 hareket vardı. Yarım yamalak da olsa her hareketi yapabildiğimce yapmaya çalışıyordum. Sonuna doğru artık iyice yorulmuştum ama hareketleri tamamladım.

Beden eğitimi salonunu hatırlıyorum. O küçücük halimle bana dünyanın en büyük salonu gibi görünürdü. Sahne dün gibi aklımda. Uçuk sarı eşofmanım ve iki yana örgülü saçlarımla ufak tefek bir kız, salonun tam ortasında duruyordum. Sınıf arkadaşlarım arkamdaki duvarın önünde jüri gibi dizilmiş, bütün hareketlerimi izlemiş ve ortaokul yıllarının verdiği acımasızlıkla bir kısmı benimle dalga geçmişti. Önümde de, elinde not defteriyle Emel Öğretmen vardı. Hareketleri yarım yamalak yapmış olmanın ezikliğiyle, alacağım kırık notun korkusuyla, başım hafifçe öne eğik "karar anı"nı bekliyordum.

"Aferin yavrum" dedi Emel Öğretmen. "Aferin" mi? "Hastalığının arkasına sığınmadın, bütün hareketleri yaptın. Çaba gösterdiğin için sana 10 veriyorum."

Hayalet diye bir film vardır, hatırlayan var mı? Patrick Swayze ve Demi Moore başrolde oynar. İkisi evli ve mutludur ama bir gün Patrick talihsiz bir kazada ölür. Öldükten sonra hayaleti sürekli Demi'yi ziyarete gelir. Ama hayalet olduğu için asla kendini ona gösteremez. Sonra hayatlarına bir büyücü girer ve bir gün Patrick'in hayaleti büyücü kadının bedenine girerek kısa süreli de olsa fiziksel olarak dokunulabilir hale gelir. Çok kısa bir süre için de olsa Demi, Patrick'e tekrar dokunabilir.

"Aferin yavrum. Hastalığının arkasına sığınmadın, bütün hareketleri yaptın. Çaba gösterdiğin için sana 10 veriyorum!" İşte o an mutluluk da, soyut bir duygu olmaktan çıkıp, bedenime girip, dokunulabilecek kadar gerçek hale gelmişti. Hayatımda ilk defa beden eğitiminden 10 alıyordum. O güne dek ben, beden eğitimi ve 10 tam puanın bir araya gelmesi; dünya liderlerinin aynı ideal etrafında buluşması kadar imkânsızdı.

Beni bu kadar mutlu eden ve heyecanlandıran o not değildi. Orada çok daha önemli bir şey oldu. Beni asıl gururlandıran, bütün arkadaşlarımın önünde *çabam için takdir edilmiş olmaktı.* Öğretmenimin, hareketlerimin tüm eksikliklerine, hatalarıma karşın, çabamı hiçe saymayıp, her şeyin üstünde tutmuş olmasıydı.

Mükemmel olmak değildi en önemli olan. Önemli olan elinden gelenin en iyisini yapmaktı. Laf olsun diye söylememişti bunu, çünkü bana "aferin" demiş ve

10 vermişti. Çaba önemli deyip kırık not verseydi, o zaman samimiyetine inanmazdım. O samimiydi.

Okulda, önemli bilgi olduğunu düşündüğüm Haçlı Seferleri'nin tarihleri ile Pisagor teoreminin formülü arasında sıkışmış bir yerde; satır arası gibi, önemsiz gibi görünen o birkaç cümle, bugüne kadar hep benimle geldi.

Öğrenmek nedir? Bir bilgiyi içselleştirmek, hayatının bir parçası kılmak mı? Öyleyse eğer, ben bugün ne Haçlı seferlerinin tarihini hatırlıyorum ne Pisagor teoremini... Demek ki bunları öğrenmemişim. Ama ben o gün çaba göstermenin değerini öğrendim.

O gün hasta olmama karşın çok hasta olmadığım için beni okula gönderen ailem, "asla bahanelerin arkasına sığınmayın" diye bize öğüt veren İngilizce öğretmenimiz Hasan Cengiz Akan ve "çabaladığın için bu notu hak ettin" diyen sevgili beden öğretmenim Emel Döner belki farkında olmadıkları bir işbirliği içinde bana bir hayat dersi verdiler. Çünkü hayatım boyunca aynı şekilde davranmaya devam ettim.

Teşekkür ederim Emel Öğretmenim.

ÇOCUĞUNUZUN BEYNİNİ BİLİMLE BESLEYİN!

İyi bir kafaya sahip olmak yetmez,
onu iyi kullanmayı da öğrenmeli insan.
Descartes

Dikkatinizi toplayamamaktan mı şikayetçisiniz?

Ruh haliniz bir ergenin kalbi gibi değişken ve kırılgan mı?

Duru düşünme yeteneğinizi mi kaybettiniz?

Öğrenme güçlüğü mü çekiyorsunuz?

İrade gücünüzün zayıfladığını mı hissediyorsunuz?

Sürekli hatalı kararlar mı veriyorsunuz?

Kafanız karmakarışık mı?

Bu yazıyı da zorla mı okuyorsunuz?

Çocuğunuzun durumu da sizinkinden pek farklı değil mi?

Bunların çoğundan bir organınızın sorumlu olduğunuz biliyor musunuz?

Bütün bunların sorumlusu, beynimiz. Beynimiz, vücudumuzun sadece %2'sini işgal ediyor ama %98'ine hükmediyor. Dahi bir çocuğun anne babası olmak gibi.

"Boyundan büyük fikirleri" olan bu organı iyi yönetmezseniz, o sizi yönetmeye başlıyor!

Bilim ve teknoloji tüketicisi değil üreticisi olmak... Beyin göçü vermek yerine beyin göçü alabilmek... Eğitim sistemimizle rezil olmak değil örnek olmak... Gazeteleri açtığımızda iyi haberler de okuyabilmek ...

Bütün bunlar için beynimizi daha iyi kullanmamız gerektiği kesin.

Beyni verimli kullanma kılavuzu

Beynimizi doğru kullanmak hayatımızı hiç düşünmediğimiz kadar değiştirebilir. Çocuğunuzun sağlık ve başarı grafiğini yukarı zıplatabilir. O halde neler yapmalıyız?

Başarı yazarı Mümin Sekman'ın, *Her Şey Beyinde Başlar* adlı kitabı*, beynimizi nasıl daha verimli çalıştırabileceğimize dair birçok yararlı öneriyle dolu. Buradaki öneriler, çeşitli araştırmalarca da destekleniyor.

Aşağıdaki önerileri okurken, şu soruları da düşünebilirsiniz: Bunları yapıyor muyum? Çocuğum bunları yapıyor mu? Yapmamanın sonuçlarını nasıl yaşıyor olabiliriz?

Sağlıklı beyin gelişimi ana rahminde başlar.

Beynin normal gelişimi için, doğmamış bebeğin yeterli beslenmeye ihtiyacı vardır. Besin eksikliği sadece zihin-

---

* Mümin Sekman (2016), *Her Şey Beyinde Başlar*, Alfa Yayınları.

sel kapasiteye zarar vermez; şizofreni, depresyon ve antisosyal davranış gibi riskleri de artırır. Hamile kadın kilo almamak için kustuğunda, diyet yaptığında ya da oruç tuttuğunda, rahimde besin eksikliği meydana gelebilir. Bu da bebeğin beyin gelişimine zarar verir.

Çocuğunuzun beynine oksijen gidiyor mu?

İnsan beyni ayaktayken %10 daha fazla çalışıyormuş. Önemli kararlar alırken yürümek bu yüzden çok önemli. Steve Jobs iş başvurusu yapan üst düzey yönetici adaylarıyla hep yürüyerek mülakat yaparmış. Antik Çağ filozofları derslerini yürüyerek anlatırlarmış.

Oksijen ve hareket, beynin fit kalması için çok önemli. Evinizi yeterince havalandırmamak bile, beyni yavaşlatabilir!

Çocuğunuz bugün yeni bir şey öğrendi mi?

Yeni bir yabancı dil öğrenmeye çalışmak, yeni bir beceri edinmeye çalışmak, resim yapmaya başlamak, fotoğraf çekmek, her gün birkaç yeni sözcük öğrenip kullanmaya çalışmak... Bu tür yeni beceriler edinmek, genel olarak beynimize fayda sağlıyor.

Ezber yapanların Alzheimer riskini azalttığına dair araştırmalarda var.

Her gün yabancı dilde yeni kelimeler ezberlemeye çalışabilirsiniz. Bunu yapamıyorsanız, alışveriş listenizi veya telefon numaralarını ezberlemeyi deneyebilirsiniz.

Farklı görüşler beyni güçlendirir!

Halil Cibran, *Kum ve Köpük* eserinde, "Her insan düzenli olarak kendisini sinirlendiren görüşleri dinlemeye zorlanmalı. Hoşa giden şeyler dışında hiçbir şey duymamak, aklı bir yastık gibi kullanmaktan farksızdır" der. Farklı dünya görüşü olan kişilerle birlikte olmak, farklı kitaplar okumak, çocuklarla vakit geçirmek, hayvanlarla oynamak, yeni yerler gezmek görüş açınızı zenginleştirir.

Davranışlarda değişiklik yapmak da beyne faydalı. Eve hep aynı yoldan gidiyorsanız, yarın farklı bir yoldan gidin. Sağ elinizle yazıyorsanız, bir dahaki sefer solla yazmayı deneyin. Evin hep aynı koltuğunda oturuyorsanız, farklı bir köşesinde oturun.

Bebeğinizin beynini nasıl şaşırtırsınız?

Bebeğiniz için de aynı şey geçerli. Örneğin bebeği kucağınızda bir dakika boyunca aynı yöne doğru tutuyorsanız, bir dakika sonra farklı yöne doğru tutun. Böylece etraftaki farklı, yeni nesneleri görecektir. Bu da beyninde yeni bağlantılar oluşmasını sağlayacaktır. Aynı şekilde bebeğin uyuduğu yerdeki tavan süslerini sık sık değiştirmek de, minik beynin daha fazla düşünce örüntüleri kurmasını sağlar.

Mozart etkisi doğru mu?

Çeşitli araştırmalar, müzik enstrümanı çalmanın beynin anatomisini değiştirdiğini ve hücrelerin daha hızlı ve doğru düşünmeye yardım ettiğini gösteriyor.

Müzik dinlemek aynı derecede etki sağlamıyor, ancak yine de bir faydası var. 1990'larda yapılan bir araştırmada, üniversite öğrencilerinin Mozart dinledikten sonra geçici bir süreyle IQ skorlarında artış görülmüş. Hatta bunun üzerine "Mozart Etkisi" diye bir kitap bile yazılmış!

Mozart Etkisi sonrasında çürütüldü ama müzik dinlemek yine de beyne iyi geliyor. Müziğin beyni ne kadar beslediği tartışıladursun, ruhu beslediğine kimsenin itirazı yok.

Beyin dostu sudoku.

Sudoku gibi beyin kaslarını geliştiren bulmacalar, satranç ve go gibi odaklanmaya yardımcı oyunlar oynayabilirsiniz.

Bir veli tanıyorum. Çocuğuna hiperaktif tanısı koyacaklardı. İlaç kullanması önerildi. Veli bunu reddetti. Önce satrancı denemek istediğini söyledi, çünkü kendisi de satranç öğretmeniydi ve satrancın dikkati arttırdığına defalarca şahit olmuştu. Gerçekten de çocuk satranca başladıktan sonra odaklanma kabiliyeti arttı. Türkiye'de ve dünyada şampiyonluklar kazandı. Hiperaktivite tanısı da ortadan kalktı. Denemeye değer.

Kaliteli uyku kaliteli düşünceler doğurur.

İyi uyku, kaliteli bir beyin için çok önemli. Einstein günde 10 saatten fazla uyuyormuş! Çok uyuduğu için çok

zeki demek temelsiz bir çıkarım olur ama iyi uyumasaydı belki bu kadar sağlam bir beyni olmazdı, çünkü uykusuzluk beyin hücrelerini öldürüyor.

Uyku, öğrenme potansiyelini ve zihinsel performansı da artırıyor. Almanya'da 18-32 yaş arası kadın ve erkeklerle yapılan bir araştırmada, katılımcılara bir dizi karmaşık matematik problemi verilmiş. Uykusunu alan grup, uykusuz gruba göre üç kat daha başarılı olmuş.

Kısacası, yastığınızla daha fazla zaman geçirin. Ayrıca aranızda düzenli bir ilişki olsun, çünkü uyku süresi kadar uyku düzeni de beynin iyi çalışması için önemli.

Beyin ne zaman zirvede?

Beyni araştıran bilim insanları, en iyi performansı sabah gösterdiğini söylüyor: Hatta tam olarak, yataktan kalktıktan sonraki 2-4 saat içinde beyin zirvede. Yani çocuğunuz sabah 7'de kalkıyorsa, 8-10 arası en iyi performansı gösteriyor.

Bu neden mi önemli? Okuma, yazma, analiz, derin düşünme gibi beyin-yoğun işleri bu saatlere denk getirirseniz sonuçlar daha verimli olabilir. Bu saatlerde beyin uykusunu almış, dinlenmiş ve enerjik. Böylece çocuğunuz yaptığı işe daha iyi odaklanabilir.

Yazarlar beyninizi ve kalbinizi beslemek için var!

Kitap okumak da zihin kaslarını çalıştırıyor. Erken dönemde kitap okuma; çocukların okul çağında ba-

şarısına, hayal gücünün artmasına; empati, iletişim, dinleme, konsantrasyon gibi becerilerinin gelişmesine büyük katkı sağlıyor.

Ayrıca çocukla kitap okumak, anne baba ve çocuk arasındaki iletişimi ve duygusal bağı geliştirmeyi de sağlıyor. Düzenli kitap okumak demek her seferinde yeni sözcüklerle karşı karşıya gelmek demek. Dolayısıyla erken dönemde ve sık kitap okumak sözel yeteneğin gelişmesinde çok önemli rol oynuyor. Bu tür ailelerde büyüyen çocuklar henüz 2-3 yaşındayken bile, farklı koşullardan gelen çocuklara göre çok ileride oluyor.

Gönül bağı nasıl ki duygular üzerinden kuruluyorsa, beyin bağı da ağırlıklı olarak anlam üzerinden kurulur. Ortak anlam bağları kurmak, ortak düşünceleri beraber üretmek ve tüketmekle güçlenir.

Fast food'dan uzak, başarıya yakın!

Düzenli ve doğru beslenme beynin düzgün çalışması için çok önemli. Özellikle balık, beyin denince en çok akla gelen besinlerden biri. Haftada bir kez yağlı balık tüketmek fayda sağlıyor.

Bunu yapamıyorsanız en azından Omega 3 yönünden zengin takviyeler almanız öneriliyor. İsveç'te 4000 genç erkek ile yapılan çalışmada, haftada iki kez balık yemeninin zekâ testinde sözel ve görsel skorlarını %10'nun üzerinde artırdığı tespit edilmiş.

Journal of Epidemiology and Community Health dergisinde yayımlanan 2011 tarihli bir araştırmada da,* 4000 çocuğun beslenme alışkanlıkları ile IQ testi sonuçları arasındaki ilişkiye bakılmış. Taze meyve, sebze, et, balık, tahıllı gıdalar alan ve işlenmiş gıdaları daha az tüketen çocukların, işlenmiş gıdalar tüketen çocuklara göre IQ skorları daha yüksek çıkmış. Fast food'dan ve ambalajlı yiyeceklerden ne kadar uzak durursak, beynimiz başarıya o kadar yakın oluyor.

Çok şeker yiyen çok çeker.

Hem tartıda hem de hayatta çok çeker! Fazla şeker tüketimi, uzun vadede, öğrenme ve hafızaya olumsuz etki ediyor. Yüksek miktarda şeker alındığında, duru düşünme yeteneğimiz sekteye uğruyor.

TV'yi kapalı tutuyor musunuz?

American Journal of Preventative Medicine'da 2010'da yayımlanan bir araştırmada,** 4000 kişinin genel zekâ düzeyine ve her gün ne kadar TV izlediklerine bakılmış. En çok TV izleyenler, en düşük skorları almışlar. Iowa Devlet Üniversitesinin bir araştırmasında da iki saatten fazla TV izleyen öğrencilerin dikkat bozukluğu teşhisi iki kat daha yüksek çıkmış.

---

* http://jech.bmj.com/content/early/2011/01/21/jech.2010.111955?q=w_jech_ahead_tab

** http://www.ajpmonline.org/article/S0749-3797(10)00010-3/abstract

TV, çocuğun beyin gelişimine de zararlı. Televizyon karşısında pasif bir şekilde bekleyen çocuğun beyni, yeni hücre bağlantıları kurmakta zayıf kalıyor. Ayrıca, fiziksel hareketsizlik, çocuğun dengeli bir şekilde gelişmesini sınırlıyor.

Zamanını sürekli televizyon izleyerek, bilgisayar oynayarak, telefonundan mesajlar atarak geçiren bir çocukla; spor yapan, müzik dinleyen, ailesiyle zaman geçiren, eğitsel faaliyetlere katılan bir çocuğun beyni farklı biçimlerde gelişecektir. Beynin ne yönde gelişeceğini, faaliyetlerin kalitesi belirler.

Çocuğunuzun zihinsel zevklerini zenginleştiriyor musunuz?

Charles Darwin, "Hayatımı bir kez daha yaşamak zorunda kalsaydım, haftada en az bir kere şiir okumayı ve müzik dinlemeyi kural haline getirirdim. Belki böylece, beynimde şu anda zayıflamış kısımları aktif tutabilirdim" demiş.

Darwin gibi siz de şiir okuyabilirsiniz. Her gün güzel özdeyişler okuyabilirsiniz. Güzel bir resme ya da fotoğrafa bakabilirsiniz. Sevdiğiniz bir müziği isterseniz gözünüz kapalı halde dinleyebilirsiniz. Gözünüzü açtığınızda beyniniz daha iyi çalışıyor olabilir!

Çocuğunuzun beynini motive ediyor musunuz?

Günde aklımızdan ortalama 70 bin düşünce geçiyormuş. Hayatınızda görmek istemediklerinizi değil, istediğiniz

sonuçları aklınızın odağında tutun. Olumlu şeyler düşünmek, olumlu sonuçları çoğaltıyor. İnsan beyni, odaklandığı noktadan genişlemeye başlıyor.

Beynimizi doğru kullanmaya dair başka bir çok öneri var*. Yalnız, bunları okumak yetmiyor. İşe yaramaları için uygulamaya da koymak gerekiyor.

Ülkemizde daha çok beynin tedavüle girmesi dileğiyle...

---

* http://www.muminsekman.com/beyin-haftasi-13-19-mart-tarihlerinde-neler-yapilmali.html
http://www.kigem.com/beyin
http://www.forbes.com/sites/nextavenue/2013/08/06/how-you-can-make-your-brain-smarter-every-day/2/

ÇOCUĞUNUZUN ZEKASINI GELİŞTİRECEK YÖNTEMLER

Çocuğunuzla oyun oynayın. Bırakın, çocuğunuz serbestçe oyun oynasın. Her anını bir aktiviteyle doldurmaya çalışmayın; hayal gücü kısıtlanır.

Onunla sık sık sohbet edin. Konuşurken zengin bir sözcük dağarcığı kullanmaya çalışın. Bunun için kitaplardan yardım alabilirsiniz.

Birlikte gezilere gidin. Doğada zaman geçirin. Ağaçları, böcekleri, çiçekleri, taşları, yaprakları incelemesine zaman tanıyın.

Bol bol kitap okuyun. Kendi başına okusun, siz ona okuyun, o size okusun, yan yana okuyun. Okumanın her çeşidi makbul!

Ellerini kullansın. Kilden, çamurdan, hamurdan yardım alın. Bozuk makineleri ellerine verin, parçalarını takıp söksün.

Hayal gücüyle, farklı düşünceleriyle dalga geçmeyin.

Yeterince uyku uyuduğundan emin olun; bu konuda taviz vermeyin.

Ev içinde yaşına uygun sorumluklar verin.

Hayata karşı merakını canlı tutmaya çalışın. Cevabını bilmediğiniz

soruları sorarsa, geçiştirmeyin. Birlikte araştıralım deyin ya da onu araştırmaya ve kaynaklara yönlendirin.

Spor yapmak ve bir müzik enstrümanı çalmak zekâyı destekler. Spor, aynı zamanda sorumluluk ve çalışma disiplini kazandırır. Müzik ruhu besler.

Sanatsal faaliyetlere yönlendirin.

TV ve bilgisayar başındaki zamanını yol yakınken sınırlandırın.

Duygularını, endişelerini, sorularını dinleyin ve önemsediğinizi belli edin.

Karakterine, sınırlarına saygı gösterin. Olmayanı oldurmaya zorlamayın. Doğal eğilimlerini ve ilgili alanlarını keşfetmesi için kaldıraç olun.

Vicdanlı bir insan olmanın önemini vurgulayın. Kendiniz bu konuda model olun.

Hata yapmasına zemin hazırlayın. Hata yaptığında, o hatadan ne öğrendiğini birlikte konuşun.

Her şeyden öte, ona bol bol sevgi verin. Ailenin, özellikle de annenin sevgisinin zekâyı geliştirdiği bilimsel olarak kanıtlanmıştır!

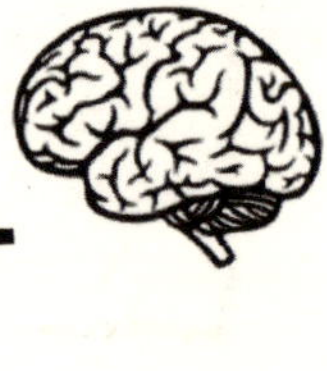

YALAN SÖYLEMEK ZEKÂ GÖSTERGESİ Mİ?

Çocuğunuz ve yalanla ilgili bilmeniz gerekenler var!

Çocuğum bana yalan söylemez mi diyorsunuz? O kadar emin olmayın! O masum melekler, yalan söylemeyi düşündüğümüzden daha erken öğreniyorlar!

Çocuk neden yalan söyler?

Çocuğun yalan denemeleri genellikle 4 yaşlarında başlıyor. Kendinden daha büyük kardeşi olanlar biraz daha erken başlayabiliyor!

Çocuk yalan söylemeye genellikle cezadan kaçmak için başlıyor. 3 yaşındaki çocuk annesinin gözü önünde kardeşine vursa da "vurmadım" diyebiliyor, çünkü cezalandırılmaktan korkuyor. 6 yaşındaki ise "akıllanmış" oluyor, sadece annesi "olay mahal"linde yoksa yalan söylüyor!

Yalan, bir *güç kullanma aracı* da olabiliyor. "Vay be, ailemi kandırabiliyorum"u öğrenen çocuk, güç testi yapmak için yalan söylüyor.

İlkokula başlayan çocuk bazen dikkat çekmek için yalan söylüyor. Hikâyesini, avcı misali, daha çekici kılmak için abartarak anlatanlar olabiliyor. Bazıları istediği bir

şeyi elde etmek için yalan söylüyor. Yalan, çocuk için zor sosyal durumlarda *başarılı bir başa çıkma stratejisi*ne dönüşmüşse o zaman yalana devam ediyor.

Bununla birlikte yalanın arkasındaki sebep ne olursa olsun, hiçbir çocuk yalan kavramını bilerek doğmuyor. Onlara davranış ve tutumlarımızla farkında olmadan biz "rehberlik" ediyoruz.

Çocuk yalan söylemeyi nasıl öğreniyor?

Genellikle olay şöyle gelişiyor: Çocuk yapmaması gereken bir şey yapıyor. Sonra başını dertten kurtarmak için inkar ediyor. Ama inkar zaten ailenin beklediği bir tepki.

Araştırmalara göre, aileler bu anları yalan konusunda bir ders vermek için neredeyse hiç kullanmıyorlar. Peki onun yerine ne yapıyorlar?

Örneğin, çocuk salonun duvarını boyuyor. "Sen mi boyadın" diye sorulduğunda, ilk seferinde çocuk doğruyu söylüyor diyelim. Bunun sonucunda belki annesi ona bağırıyor. Belki babası boya kalemlerine el koyuyor. Belki "bir daha boyarsan sana bilgisayar yok" diyor.

Sonuç olarak bir şekilde ceza veriyor aile. İkinci kez benzer bir durum yaşandığında, çocuk "ben yapmadım" diye yalan söylemeyi tercih ediyor. Aile bu durumda genelde yapılmaması gereken şeyi yaptığı için (duvarı boyamak gibi) çocuğu cezalandırabiliyor ama işin yalan kısmını ayrıca ele almıyor.

Bir üst düzeyde, "Tamam ama sakın bir daha salonun duvarını boyama. Boyayacaksan, kendi odanın duvarını boya" gibi bir tepki veriyor.

Çocuğun yalan söylemesini engellemek için en iyi yaklaşım ise, "Bana doğruyu söylediğin için teşekkür ederim, bu benim için duvarı boyamandan daha önemli" demek.

Çocuk, doğrunun bir *erdem* olduğuna dair ilk sinyalleri bu noktada almaya başlıyor. Tabii o noktada sabırlı olup duvarınızla çocuğunuz arasında bir seçim yapmanız gerekiyor!

Hata ve yalan arasında ayrım yapamamak

Özellikle küçük yaştaki çocuklar hata ile yalan arasında da ayrım yapmakta güçlük çekiyorlar. "Niyet" kavramları henüz gelişmemiş oluyor.

Mesela bir baba 5 yaşındaki oğluna "seni salı günü maça götüreceğim" diyor. Sonra salı günü başka önemli bir işi çıkıyor ve götüremiyor. Ortada kötü niyet olmasa da çocuk babayı yalan söylemekle suçluyor.

Bunun bir hata olduğunu, yalan olmadığını anlamakta güçlük çekiyor. Dolayısıyla baba oğluna farkında olmadan "yalanı hoş görmelisin" gibi bir mesaj vermiş oluyor.

Çocuklar aslında yalanı yetişkinlerden daha çok kınıyor. Yalancıyı "kötü" ilan ediyorlar. Sonra yavaş yavaş hangi yalan tiplerinin daha çok soruna yol açtığını, han-

gilerinin daha sorunsuz olduğunu bizim tepkilerimizden ve sunduğumuz modellerden öğreniyorlar.

Yalancı Çoban hikâyesi mi "Doğrucu Davut" hikâyesi mi etkili?*

Bir araştırmada çocuklara iki hikâye okutuyorlar. Bir tanesi Yalancı Çobanın Hikâyesi. Yalan söylediği için kurt, koyunları da çobanı da yiyor. Yani yalanın sonu ceza.

Diğer hikâyede ise bir çocuk babasının çok sevdiği kiraz ağacını baltayla kesiyor. Babasına gidip itiraf ediyor. Hikâyenin sonunda babası, "Ağacı kestiğini söylemene memnun oldum. Senin bana doğruyu söylediğini bilmek, benim için bin kiraz ağacından daha değerli" diyor.

Enteresandır ki, ilk hikâyenin sonunda, yalan söyleme davranışı daha da artmış! İkinci hikâyeden sonra kızlarda %50, erkeklerde %75 oranında azalmış!

Bu önemli bir nokta, çünkü özellikle küçük çocuklar anne babayı *iyi hissettirme* kaygısı taşıyor. 6 yaşındaki çocuğa "doğruyu söylersen kendini daha iyi hissedersin" demek yetmiyor.

Bu yaklaşım da yalanı önemli ölçüde azaltıyor, ama "doğruyu söylersen hem kendini daha iyi hissedersin, hem de ben gerçekten mutlu olurum" denildiğinde daha çok işe yarıyor.

---

* Po Bronson, Ashley Merryman. (2009). *Nurture Shock*. Twelve Publishers.

"Anneme babama *duymak istedikleri şeyleri* söylersem mutlu olurlar" yaklaşımı, "anne babama *doğruyu söylersem* mutlu olurlar" düşüncesiyle yer değiştiriyor.

İlk hikâyede ise, yalan cezalandırılıyor. Bu çocukların zaten bildiği bir şey. Çocuklara "yalan kötü mü" dendiğinde %92'si "evet" diyor. "Neden kötü" diye sorduğunuzda "çünkü cezalandırılıyorsun!" diye cevap veriyorlar. Yani ahlaki nedenlerle değil, kendini koruma amaçlı bir endişeyle hareket ediyorlar.

Yaklaşık 11 yaşına kadar böyle. Etik gibi soyut kavramları anlama kapasitesi o yaşa kadar henüz tam gelişmemiş oluyor. Yalanın başkalarına zarar verebileceğini, güveni sarstığını, buna benzer ahlaki endişeleri anlamıyorlar.

O yaştan sonra bile *üçte biri*, hâlâ cezalandırılmaktan korktuğu için yalan söylemeye devam ediyor.

Beyaz yalanlarımız çocuklarımızı kirletebiliyor

Okul çağı çocuklarında ceza dışında kaygılar da devreye giriyor, arkadaşını üzmemek için yalan söylemek gibi...

Bunu da bizden öğreniyorlar elbette. Çocuğunuzla evde otururken bir arkadaşınız telefon ediyor, bir derdini anlatıyor. Sonra "senin de vaktini aldım" diyor. "Yok canım, dostlar bugünler içindir" diyorsunuz. Telefonu kapatınca da "Bunaldım artık her seferinde beni aramasından, benim de bir pazar günüm var" diye eşinize yakınıyorsunuz.

Bir akrabanız akşam müsaitseniz birlikte sinemaya gidelim diyor. "Bizim de başka bir programımız vardı" diyorsunuz ama yok. Çocuk da olmadığını biliyor.

Misafirliğe gidiyorsunuz, "yemekler çok güzeldi, tadı damağımda kaldı" diyorsunuz. Eve gelince "dolmalar yanmıştı, zor yedim" diye yakınıyorsunuz.

Beyaz yalanın ne kadar doğru ne kadar yanlış olduğu ayrı bir tartışma konusu. Kanımca karşımızdaki insanı kırmamak adına beyaz yalan söylemek her zaman kötü bir şey değil. En azından bazı şeyleri yumuşatarak söylemek, amacımızın bağcıyı dövmek değil üzüm yemek olduğunun bir göstergesi.

Beyaz yalanlar bile çocukların daha rahat yalan söylemelerinin önünü açıyor. Samimiyetsizlik onlar için hayatın doğal bir parçası gibi görünmeye başlıyor. Aileye yalan söylemek de büyük bir sorun olmaktan çıkıyor. Nasılsa anne baba da karşıdaki iyi hissetsin diye yalan söylemiyor mu? Çocuk da anne babası iyi hissetsin diye yalan söylüyor.

Küçük yaştaki çocuklar "beyaz yalan"la ciddi yalanın ayrımını yapmakta güçlük çekiyor. Bu nedenle de yanlarında ne yaptığınıza, ne söylediğinize dikkat etmek gerekiyor.

Yalan söyleyebilmek, zekâ göstergesi mi?

Bir şeyin yalan sınıfına girmesi için, yalan söyleyenin doğruyu da bilmesi ve bilinçli olarak doğruyla yalan ara-

sında seçim yapması gerekir. Yalan söylemek; doğruyu bilmek, alternatif bir gerçek üretmek ve bunu karşı tarafa başarıyla satmak demektir.

"Doğruyu söylüyorsan, bir şey hatırlaman gerekmez," der yazar Mark Twain. Yalan söylüyorsan, iyi bir hafızan olması gerekir. Yani yalan söyleyebilmek için bilişsel ve sosyal becerilerin gelişmiş olması lazım!

Bunu destekleyen ilginç bir veri, yalan söylemeye erken başlayan çocukların sınavlarda daha başarılı olması. Yalan söyleyebilmenin zekâyla ilişkili olduğu düşünülüyor. Reklamlardaki gerçek dışı vaatlerin üzerimizde yarattığı güçlü etki bunu doğrulamıyor mu?

Araştırmalara göre içe dönük kişiler daha az yalan söylüyorlar, çünkü yalanı kıvıracak sosyal becerilerden yoksunlar.

Bu, "yaşasın, çocuğum yalan söylüyor, demek ki zeki" diye sevinilecek bir haber değil elbette. Çocuğunuzun zeki olması iyi haber, ama aynı zamanda vicdanlı ve dürüst bir insan olması çok daha sevinilesi bir durum.

Yalandan doğruya geçişi sağlayacak birkaç basit strateji

Yalanı yermektense, doğruyu övmek

Çocukları yalan söyledikleri için cezalandırdığınızda yalan söylememeyi değil, daha iyi yalan söylemeyi öğreniyorlar. Daha az yakalanacak şekilde söylemeyi deniyorlar.

İş yine aile içi iletişim meselesine geliyor. *Aileler çocuklara yalanın kötü olduğunu söylemenin ötesinde, doğ-*

ruyu söylemenin erdemini anlatmalı. Bu mesajı çocuk ne kadar daha sık duyarsa, o kadar içselleştirir.

Neyi övdüğünüze dikkat!

Çocuk aslı astarı olmayan hikâyeleri dikkatinizi çekmek, sempatinizi kazanmak için anlatıyor olabilir. Nelere övgüde bulunduğunuza dikkat edin. Dürüst olduğunda, yeni bir şey öğrendiğinde, bir şey için çok çabaladığında övebilirsiniz. Bu, ona hayatta neyin değerli olduğu konusunda farklı bir bakış açısı kazandırır. Tabii bunlar sizin için de önemli değerlerse!

"Bana söz verir misin?"

Araştırmalara göre, çocuğa "sana bir şey soracağım ama doğruyu söyleyeceğine söz verir misin?" diye sorulduğunda, söz vermek yalan söylemeyi %25 oranında azaltıyor.

Ses tonunuz yalan söylemez.

Çocuğu bazen farkında olmadan yalan söylemeye yönlendirebiliyoruz. Bunu beden dilimizle, ses tonumuzla, sesimizin yükselmesiyle yapabiliyoruz. Çocuğa yüksek sesle ve suçlayıcı bir tonda "pencereyi evden çıkarken sen mi açık bıraktın?" diye sorduğunuzda, yalanla cevap verme olasılığını arttırırsınız. Bunun yerine "dikkat edelim de evden çıkarken cam açık kalmasın yavrum, güvenli değil" diyerek gidip pencereyi kapatmak daha yapıcı bir yaklaşım.

Yalancı Çoban'ın hikâyesi

Yalancı Çoban, Pinokyo ya da benzer başka hikâyeleri çocukla birlikte okuyup tartışmak da etkili bir yöntem olabilir. Tartışırken yalanın kötülüğünden çok dürüstlüğün erdemine vurgu yapmanız daha olumlu sonuçlar doğurur.

Bu yazıda geçen hikâyelerden biri, George Washington ve Kiraz Ağacı. Araştırmalara göre bu hikâye, çocuklarda doğruyu söyleme oranını artırıyor. Hikâyenin orijinalini buldum ve sizler için kısaltıp uyarladım. Çocuğunuzla birlikte okuyun, bakalım sonuçlar sizde nasıl olacak? Çocuğunuz erkekse kahramanın ismini Ali, kızsa Zeynep diye değiştirin ya da kendi ismi olmayan başka bir isim seçebilirsiniz; böylece spotları ona çevirmeden, karakterle özdeşleşmesini kolaylaştırırsınız.

Hikâye bu ya, 6 yaşındaki Ali'ye doğum gününde küçük bir balta hediye edilmiş. Ali baltasını çok sevmiş. Evlerinin bahçesinde, her gün saatlerce bu baltayla oynuyormuş. Bir gün ipin ucunu kaçırarak babasının en sevdiği kiraz ağacının kabuğunu soymuş. Kabuğu soyulan ağaç ölmüş. Babası çok öfkelenmiş ama kim yaptı diye sorması gerekmeden Ali olan biteni itiraf etmiş:

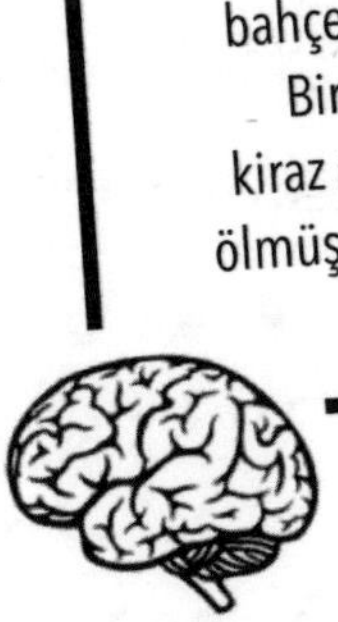

"Sana yalan söyleyemem, babacığım; biliyorsun. Yalan söyleyemem. Baltamla ağacının kabuğunu ben kestim." Ali'nin dürüstlüğü babasını çok etkilemiş. Oğluna sıkıca sarılmış: "Doğruyu söylemen benim için bin ağaç değerinde, kahraman oğlum benim!" demiş.

Hikâyeyle ilgili okuduğum bir espriyi de paylaşmadan edemeyeceğim! Öğretmenin sorduğu soruyu siz de çocuğunuza sorabilirsiniz:

Öğretmen: Çocuk babasının en sevdiği kiraz ağacını kesmiş ama babası onu cezalandırmamış. Sence neden?
Öğrenci: Sanırım o sırada balta hala Ali'nin elindeydi Öğretmenim!

MANTIKLI DÜŞÜNMEK İÇİN HENÜZ ÇOK "ERGEN"

Siz doğmadan önce anne ve babanız bu kadar sıkıcı insanlar değillerdi! Fatura ödemek, arkanızdan ortalığı toparlamak ve ikide bir sizin ne kadar "cool" bir insan olduğunuzu dinlemek onları bu hale getirdi! Geçmiş nesillerin yarattığı sorunları çözmeye, yağmur ormanlarını kurtarmaya kalkmadan önce kendi odanızı toplayın!

Microsoft'un kurucusu **Bill Gates**'in lise öğrencilerine yaptığı bir konuşmadan *Hayat Bilgesi* kitabı

Düne kadar kucağınızdan inmeyen yavrunuz birden size düşman mı kesildi?

Söylediğiniz her şeye burun mu kıvırıyor? Kapıları yüzünüze mi çarpıyor?

Evin önünde dikilen yağlı saçlı, suratsız çocuklar gerçekten onun arkadaşları mı?

Bu karda kışta yaka bağır açık dolaşmak da neyin nesi?

Daha 14 yaşında hayatın anlamını çözdüğünü sanan bu tavırlar nereden çıktı?

Hani bunların en korkunç dönemi 2 yaştı? Zaman makinesine girip 2 yaşına mı ışınlandı bu çocuk?

"Terrible two""nun (Korkunç 2 yaş) devam filmi Terrible Teen'e (Korkunç Ergen) hoş geldiniz !

İnşaat halindeki beyin

Bazı web sitelerini açınca, karşınıza "bu sitenin inşaatı devam ediyor" diye bir uyarı yazısı çıkar. Ergen kızınızın ya da oğlunuzun beyni de benzer bir uyarı veriyor: *Dikkat, beyin inşaat halinde, mantık geçici olarak hizmet dışı!*

Ergenlik dönemi, cinsiyet hormonlarının şahlandığı dönem olmasıyla ünlü ama ergenlerin olumsuz davranışlarında bütün suçu hormonlara yüklemek adil değil. Haddini bilmeyen hormonların en büyük suç ortağı, gelişimi halen devam eden beyin: Bazılarınız bunu okurken, "Beyin mi? Ne beyni, hangi beyin?" diyecek kadar bunalmış olabilir!

Ergen beyninin gelişimi

Beynin ön tarafında frontal korteks dediğimiz bir bölüm var. Bu ön lob, *planlama, mantık yürütme, karar verme, görevleri organize etme, bilinç* gibi işlevlerden sorumlu. Yani beynimizin patronu, müdürü gibi. İşte beynin bu yönetici bölümü, ergenlikte müthiş bir değişimden geçiyor.

Ergenlik döneminde beyindeki gri madde kalınlaşıyor. Gri madde beynimizin entelektüel kısmını yönetiyor. Agatha Christie romanlarındaki dedektif Hercule

Poirot, "Düşünebilmek için gri madde gerekir" derken bu bulguyu onaylıyor.

Gri madde 12 yaşında maksimum miktarına ulaşıyor. "Gri madde düşünmekten sorumluysa, ergenlikte de en yüksek düzeyine ulaşıyorsa, bu düşüncesizce davranışların açıklaması nedir?" diye merak edebilirsiniz. Beynin fiziksel büyüklüğü değil, beyin hücreleri arasındaki bağlantı miktarı akıl kapasitesini belirliyor. Gri madde beyin içinde yığılmış inşaat malzemesi gibi, farkı yaratan malzemenin nasıl kullanıldığı. Önemli olan sinir hücreleri arasındaki bağlantılar. Bunlara *sinaptik bağlantı* diyoruz. Ergenlik döneminde beyindeki gri hücreler önce çoğalıyor, sonra hızla budanıyor. Bu iyi bir şey. Bu süreçte beyin *kullan ya da kaybet* ilkesini izliyor. Kullanılan bağlantılar kalıyor, kullanılmayanlar çöpe gidiyor.

Bu ne anlama geliyor? Ergeniniz sürekli Play Station oynuyorsa ve TV izliyorsa, bunların oluşturduğu sinaptik bağlantılar beyninde yerleşiyor. Kitap okuyorsa, enstrüman çalıyorsa, spor yapıyorsa bunların getirdiği beceriler güçleniyor. Yani çocuk beynine ne ekerse, beyin onu biçiyor.

Bu budama ve ince ayar süreci ancak 20'li yaşlarda tamamlanıyor. Ayrıca beynin sosyal davranışlardan sorumlu müdürü beyincik de, bu yaşlarda fiziksel gelişimini tamamlıyor. Beyin hayat boyu gelişmeye devam edebilen bir organ, dolayısıyla bu noktadan sonra işler durmuyor, sadece yavaşlıyor.

Akıl başta değil, yaştadır!

Ergenliğin hep olumsuz tarafına odaklandık ama madalyonun diğer yüzünü unutmamalı. Ergenlik müthiş bir zihinsel gelişim dönemi. Beyinde sinaptik bağlantılar kurulmaya devam ederken, çocuk yeni deneyimlere çok açık. Bu iyi bir şey; yeni deneyimler yeni şeyler öğrenmek demek. Zekâ fışkıran yorumlar, zekice espriler... Soyut kavramları daha iyi anlayan, yaratıcı düşünen pırıl pırıl bir beyin...

Ancak yeni deneyimler her zaman olumlu ve zararsız olmayabilir. Uyuşturucu maddeleri merak etme, zamansız ve tehlikeli cinsel deneyimler, çılgınca riskler alma, ergen yaşlarda sık görülen davranışlar. Ailenin ilgisi ve sevgisi, buradaki kilit nokta. Bu, ailenin eğitim ve gelir düzeyinden daha önemli.

Dick Swaab, *We Are Our Brains* kitabında aileleri bu konuda uyarıyor. "Ergenlik döneminde, çocuğun anne babası onun geçici prefrontal korteksi işlevini görür. Aile; planlama, organizasyon ve sınırlardan sorumlu olmak zorundadır" diyerek aileleri göreve çağırıyor.

Kültürel bağlam da önemli bir fark yaratıyor. Türkiye'de toplum genelinde kuvvetli olan aile bağlarımız, ergenliğin tehlikeli yönlerine karşı bir nevi koruyucu kalkan vazifesi görüyor demek yanlış olmaz.

Evimdeki ergenle nasıl ilişki kurabilirim?

Uzun lafın kısası, ergenlerin henüz aklı başında değil! Gördüğünüz olumsuz davranışlar sadece hormonal değil, aynı zamanda beyinsel. Burun kıvırmalar, kapı çarpmalar, surat asmalar, bu şiddet bu celal son derece normal. O halde bu dönemin zorluklarıyla nasıl başa çıkabilirsiniz?

Üstünüze alınmayın.

Ergenliğin birincil hedefi bağımsızlıktır. Bu dönem bağımsızlığa adım atılan dönemdir. Bunun için anne babadan uzaklaşmaları, eskisi gibi davranmamaları normaldir. Kişisel algılamayın. Bu kabalık, bu kabadayılık, bu uzak ve soğuk davranışlar sizi hedeflemiyor, biyolojik kökenli.

Krizi fırsata çevirin.

Beyinde henüz her şey yerli yerine oturmamış, bağlantılar henüz yerleşmemişken, yani yetişkinliğe henüz adım atılmamışken, bazı olumsuz davranışları geri çevirmek için de bir fırsat var demektir.

Tutkuyu yararlı faaliyetlere akıtın.

Bu dönemdeki aşırı heyecan ve tutku halini müzik, tiyatro, dans, spor gibi yararlı faaliyetlere kanalize etmekte fayda var. Sık yapılan faaliyetler daha kalıcı olduğu için, bu zamanı verimli değerlendirmek iyi fikir.

Davranışı kimlik haline getirmeyin.

Onları eleştirirken "sen böylesin işte", "senden adam olmaz" tarzı cümlelerle, davranışı kimlik haline getirmeyin. Davranışın kendisini eleştirin. "Aptal mısın, bu havada böyle mi çıkılır" yerine "Bu havada bu kadar ince giyinmek akıllıca bir davranış değil", hedefi çocuğa değil davranışa yöneltir.

Empati, empati, empati!

Kendi gençliğinizi hatırlayın. Çok mu akıllı usluydunuz? Cevabınız evet bile olsa, çocuğunuz ergenliğini sizden daha farklı yaşıyor olabilir. Ne olursa olsun onu anlamaya çalışın. Dinlerken göz teması kurun. Tüm dikkatinizi verin. Bir elinizde telefon, bir elinizde tablet varken dinler gibi yaparsanız, samimi olmaz. Fırsatı kaçırırsınız. Gerçekten ilgilendiğinizi belli edin.

Biraz risk iyidir.

Biraz risk almalarına izin verin. Risk almak her zaman kötü değildir, kendini bulmanın, yeni şeyler öğrenmenin, yaratıcılığın bir yoludur.

Tepkiselliğe girmek yerine iletişime liderlik edin.

Öfkeli anlarında onlarla laf yarıştırmayın. Onun yerine, "Eminim kendini kötü hissetmişsindir", "Bu durumda ne yapacaksın?", "Bilmiyorum, sen ne düşünüyorsun?" gibi sorular sorun. Anlayışlı tavırlarınız karşısında iyice öfke-

lenebilirler elbette, ergen bunlar. Ama onları sevdiğinizi, ufak şeylerden tartışmak istemediğinizi söyleyerek durumu kontrol altına alın.

Ergenlik dönemiyle ilgili kitaplar okuyun.
Kitaplar sistemli ve kapsamlı bilgi kaynaklarıdır. Bu dönemi kitaplarla daha iyi anlamaya çalışın. Kitaplar hazır tecrübeleri, acı çekmeden öğrenip kullanmanızı sağlar. Ayrıca yalnız olmadığınızı fark ettirir.

Değer verdiğinizi gösterin.
Çocuğunuzla asla dalga geçmeyin, başkalarının önünde küçük düşürmeyin, alaycı olmayın. Fikirlerine saygı gösterdiğinizi belli edin. Ona bazı konularda danışın. Başarılarını kutlayın, onunla gurur duyduğunuzu ifade edin. Bunları yapmanın bir maliyeti yok ama sağlıklı bir ilişki için getirisi çok.

Siyah ojeden kimse ölmemiş.
Her şeye itiraz ederseniz, itiraz kredinizi çabuk tüketirsiniz. Siyah oje sürmenin, tuhaf giysiler giymenin, saç uzatmanın, küpe takmanın kimseye zararı yok. Çoğunlukla da geçici hevesler. Bunlara toptan itiraz ederseniz, sıra sigara ve alkol gibi daha ciddi ve zararlı alışkanlıklara geldiğinde, çocuğunuz sizi dinlemeyi çoktan bırakmış olabilir.

Değişimleri dikkatli gözlemleyin.

Ergenlikte davranış değişikliği normal ama anormallikler çok uzun sürerse bir sorun olabilir. Aşırı kilo alma ya da kilo verme, uyku sorunları, arkadaş çevresinde ani değişiklikler, içine kapanma, sık sık okulu asma, sürekli yüksek notların sürekli düşük notlara dönüşmesi, alkol, sigara, uyuşturucu gibi durumlara karşı uyanık olun. Uygunsuz davranışlar bir buçuk iki ay sürüyorsa, profesyonel yardım almakta fayda olabilir.

Sanal dedektiflik yapın.

Çocuğunuzun hangi bilgi kaynaklarına erişimi olduğunu takip edin. Bugün bilgi her yerden fışkırıyor, o yüzden her şeyi takip etmek çok zor. Ama elinizden geldiğince çocuklarınızın girdiği siteleri, kullandıkları uygulamaları, okudukları dergi ve kitapları takip edin. Bilgisayar ve TV izleme sürelerine sınır koyun. Bu aynı zamanda sağlıklı bir zihinsel ve fiziksel gelişim ve yeterli uyku alabilmeleri açısından da önemli.

Mahremiyete saygı.

Elbette telefonlarını ele geçirip resimlerine bakıp mesajlarını okumak müthiş güven kırıcı olur. Ayrıca özel hayatlarına saygısızlıktır. Her şeyi bilmek zorunda değilsiniz. Gizliliklerine saygı gösterin. Bununla birlikte nereye gittiklerini, ne zaman döneceklerini, kimlerle olacaklarını sormanız da doğal. Bu, hem güvenlik

açısından gerekli hem de onlarla ilgilendiğinizin bir göstergesi.

Sivilceli misafirlere dikkat!

Ergeninizin arkadaşını mümkünse evinize davet edin, birlikte nasıl zaman geçirdiklerine bakın. Gözünüzü dikip onları izlemeyin ama çaktırmadan neler yapıyorlar diye bir bakın. Çocukların aileleriyle iletişimde olmak da iyi bir fikir.

Koşulsuz sevin.

Dışarıdan kayıtsız gibi görünseler de, onlar için dünya bazen korkutucu bir yere dönüşür. Bu anlarda aile, insanın güvenli limanıdır. Aile sevgisi, bir gelecek güvencesidir.

Onları sevdiğinizi kendi yönteminizle gösterin. Sarılarak mı gösterirsiniz, seni seviyorum mu dersiniz, en sevdiği meyvelerden tabak mı yaparsınız; o sizin stilinize kalmış. Sevgiyi göstermenin bin bir yolu var. Ne olursa olsun onu sevdiğinizi ve yanında olduğunuzu hissettirin. Ne kadar büyük bir fark yarattığını tahmin edemezsiniz.

Akıl sağlığınızı koruyun!

Kendinizi de ihmal etmeyin. Aklınızı korumak için uykunuzu alın, sakin kalın. Bağırıp çağırmak kimseye fayda etmeyeceği gibi, en çok size zarar verir. Kendinizi rahatlatan faaliyetler her neyse, bunlara zaman ayırma-

ya çalışın. Derin derin nefes almak, egzersiz yapmak, yoga ve meditasyon, kitap okumak, örgü örmek... Size kalmış.

Bir evde bir ergen beyni varsa, o zaman o evde daha aklı başında bir beyne ihtiyaç olduğunu unutmayın. Uçak anonsunda denildiği gibi, "oksijen maskesini önce kendinize, sonra çocuğunuza takın!"

İnşaat bir gün bitecek, inanın.

GEÇ YEŞEREN YETENEKLER: YA ÇOCUĞUNUZ BİR DAHİYSE?

Ben çocukken evimizin önünde akşam sefası çiçekleri vardı. Gündüz kimsenin dönüp bakmadığı uyku halindeki tohumlar, akşam pembe beyaz çiçekler halinde coşarak açar, mahallenin çehresini değiştirirdi. Öyle ki, o silik tohumlarla bu gösterişli çiçeklerin aynı bitki olduğuna inanamazdınız.

Bazı çocuklar da geç açan çiçekler gibidir. Kimi yaşıtlarına kıyasla daha geç konuşur, kimi daha geç yürür, kimi sosyal ilişkilerde daha geç açılır. Hatta bazıları, zaman geçtikçe bizim akşam sefaları gibi olağanüstü bir dönüşüm yaşar.

Aslında herkes dâhidir

Alman asıllı dâhi fizikçi Albert Einstein da bir akşam sefası. Küçük Albert, konuşmayı yaşıtlarından epey sonra sökmüş. Bir kaynağa göre, 3 yaşına doğru konuşmaya başlamış. 2 yıl 8 aylıkken, kendisine yeni bir kız kardeşi olacağı söylenmiş.

Yeni bir kız kardeşin neye benzediğini hayal etmeye çalışırken "Tekerlekleri var mı?" diye sorduğu iddia ediliyor.

Ailesi Albert'in "geri zekâlı" olabileceğinden şüphe ediyormuş! Konuşmaya gönülsüz davrandığı ve söylenen her şeyi tekrar ettiği için, etraftan aptal muamelesi görüyormuş.

Farkında mısınız, dünyanın gidişatını değiştiren bir dâhiden söz ediyoruz!

Einstein'in çok güzel bir sözü var: "Aslında herkes dâhidir. Ama siz bir balığı ağaca tırmanma yeteneğine göre değerlendirirseniz hayatı boyunca aptal olduğunu sanır." Çocukların farklı gelişim süreçlerini ve öğrenme stillerini yeteneksizlik olarak değerlendirmek, kendilerine olan inançlarını sarsabiliyor.

*Tek tipleştirme*ye dayalı klasik eğitim sistemi de genellikle sözcükler ve rakamlar etrafında döndüğünden, diğer alanlardaki yetenekler gölgede kalabiliyor. Sınıflar, *deniz yüzü görmemiş, ağaca tırmanamadığı için kendisini yeteneksiz ilan eden balıklarla dolu.*

Bazı çocuklar resimlerle düşünür

Einstein'ın geç konuşmasını aptallık işareti olarak görenler, bir fizik dehasını heba edebilirlerdi, oysa Einstein'ı Einstein yapan, kavramları *görselleştirme* konusundaki üstünlüğüydü. En karmaşık fizik yasalarını bile basit resimler halinde hayal edebiliyordu. Dünyayı değiştiren görelilik teorisinin çıkış noktası da buydu. Teoriyi geliştirirken, ışık demeti ile yarışan bir çocuk hayal etmişti. Geç konuşmuştu, ama düşünce gücü yaşıtlarının fersah fersah önündeydi.

Bazı çocuklar dünyayı sözcük ve rakamlarla değil, resimler üzerinden anlamlandırır. Bu bir eksiklik değil, bir farklılıktır.

Babası bir gün Einstein'ın öğretmenine, oğlunun hangi mesleğe yönelmesi gerektiğini sormuş. O da, "Hiç fark etmez, hiçbir şeyde başarılı olması mümkün değil!" cevabını vermiş. Yolun başındaki bir çocuk için "ümitsiz vaka" hükmü vermeye ne denir bilmiyorum ama bunun eğitimcilik olmadığı kesin.

Ünlü İspanyol ressam Pablo Picasso da geç konuşan ve geç yürüyen bir dâhi. Picasso da konuşmayı ve yürümeyi öğrenmeden önce, resim çizmeyi biliyormuş. Öyle ki ağzından çıkan ilk sözcük bile "Piz!" olmuş, yani İspanyolcada kalem anlamına gelen "lapiz"in *bebekçesi*. Ressam olacağının işaretleri daha bebeklikten belliymiş! O da Einstein gibi, okulda başarısız bir öğrenciymiş. Özellikle matematikle arası hiç iyi değilmiş, sınıfı ancak kopyalarla geçebiliyormuş!

Belki de ressam babası olmasaydı, resim alanındaki dehası keşfedilmeyebilirdi. Hayatını aptal olduğuna inanarak geçirebilirdi. İnsanlık onun muhteşem eserlerinden mahrum kalabilirdi.

Otistik dâhiler

Otistik çocuklar da resimler halinde düşünenlerden. Bir örnek Temple Grandin. Temple, küçükken otizm teşhisi konmuştu. Bilinçli bir aileye doğduğu için şanslıydı.

2 yaşından itibaren konuşma ve oyun terapisi gördü. 4 yaşında konuşabilmeye başladı. Çevrenin alay ettiği, asosyal bir çocuktu. Öğrendiği her şeyi tekrar ettiği için onunla "kayıt cihazı" diye dalga geçiyorlardı.

Oysa Temple sadece *farklı* düşünüyordu. Dünyayı sözcükler üzerinden değil, resimler üzerinden anlamlandırıyordu. Resim okulda en başarılı olduğu dersti. Herkesin de kendisi gibi resimler halinde düşündüğünü sanıyordu. Hatta öyle olmadığını ilk kez öğrendiğinde şok yaşamıştı!

Üç boyutlu düşünme yeteneği, ilerleyen dönemde çok büyük buluşlara imza atmasını sağladı. Grandin, Time Dergisinin 2010 yılında yayımladığı dünyanın en etkili 100 kişisi sıralamasında *Kahramanlar* kategorisinde yer aldı.

Disleksik dâhiler

Disleksi, en basit tanımıyla, zekâsında sorun olmayan birinin yaşadığı okuma güçlüğü. Dünyaca ünlü modacı Tommy Hilfiger da *disleksi* nedeniyle okulda başarısız olanlardan. Babası çocukken "senden hiçbir şey olmaz" mesajını ısrarla Tommy'nin kafasına kazımaya çalışmış. *American Dreamer* isimli özyaşamöyküsünde, o günleri şöyle anlatıyor:

> *"Metinleri takip edemiyordum. Bir kitap okumaya çalışsam, bir bölümden ancak iki sayfa okuyabiliyordum, sonra aşağıdan yukarıya okumaya başlıyordum. Gözlerim bir satırdan diğerine*

atlıyordu. Sayfanın ortasına iniş yapıyor ve yukarı doğru okumaya devam ediyordum. Bazen sayfanın sağından başlayıp geriye doğru okuyordum. Bunu kontrol edemiyordum... Öğrenmek istiyordum. Etrafta olup biten her şeyi merak ediyordum. Fakat bilgiyi herkesin aldığı yollardan alamadığım için, insanların yaydığı enerjiyi, yüz ifadelerini, beden dillerini izliyordum... Disleksik olduğum yıllar sonra anlaşıldı."

Disleksi, yaratıcı sektörde olağanüstü başarı kazanan başka birçok ünlü isimde görülen bir durum. Einstein, Winston Churchill, Richard Branson, Steven Spielberg, Walt Disney, dünyaca ünlü aşçı Jamie Oliver, Can Dündar ve daha pek çok ünlü isim, disleksiye rağmen hayatta başarılı olmuşlar.

Hatta *disleksi sayesinde* başarılı olmuşlar bile denilebilir, çünkü disleksik çocukların sağ beyni çok güçlü oluyor. Bu da müthiş bir yaratıcılık potansiyeli ve güçlü bir hayal gücü demek. Bu nedenle bazı yabancı kaynaklarda disleksiye, *disleksi yeteneği* de denir.

Yaratıcılığın 21. yüzyılın en önemli becerilerden biri olduğunu düşünürsek, bu yüzyıl disleksik bireylerin *yükseliş yüzyılı* olabilir.

"Normal" nedir?

Amerika'da Martha's Vineyard diye bir bölge vardır. Bu bölgede uzun yıllar önce yaşayan nüfusun neredeyse tamamı sağırmış. Okullarından postanelerine, restoranla-

rından ulaşımına bütün sistem de sağır insanlara uygun bir biçimde kurulmuş. Dolayısıyla bölgeyi ziyarete gelen, kulağı duyan kişiler büyük zorluk çekiyormuş.

Gel zaman git zaman, bölgeye turistler gelmeye başlamış. Zaman içinde nüfusun yapısı değişmiş. Duyanların sayısı duymayanları aşınca, sistemler de ona göre yeniden kurulmuş. Bu sefer sağır olanlar sorun yaşamaya başlamış.

"Normal" denilen şey, çoğunlukta olmaktan başka bir şey değildir. Bozuklukları ya da engelleri olan insanlar değildir, sistemlerdir. Ancak sistemlerini herkesin ihtiyacına uyacak şekilde kuramayan toplumlarda, sorun sistemde değil insandaymış gibi algılanır.

Çocuk yaşıtlarından geç gelişim gösteriyorsa ne yapmalı?

Klasik okul sistemi ortalama öğrencinin ihtiyaçlarına göre kurulmuştur. Ortalamadan sapan öğrenme hızlarına ve stillerine cevap verecek bir ortam sağlayamaz. Bu sistemin eksikliğidir. Sistemin eksikliği, çocuğun eksikliği gibi görülmemelidir. Çocuk erken konuşuyorsa, erken gelişim gösteriyorsa harika. Bu yüksek potansiyel işareti olabilir. Ama bazı şeyleri "normal"e göre daha geç yapması "aptal" olduğu anlamına gelmez. Hatta bazen *aptal değil Einstein* bile olabilir!

Çocuğunuzda disleksi gibi yapısal bir farklılık olabilir. Bu sebepten okulda başarısız olabilir. Beyni bilgiyi farklı

biçimde algıladığından, ne kadar çabalasa da bir ilerleme kaydedemeyebilir. Bu da onu öğrenilmiş çaresizlik sarmalına sokabilir. Uzmanlardan erken dönemde yardım almak, çocuğunuz için büyük fark yaratabilir. Yapılacak değerlendirmelerde farklılığı ve öğrenme stili anlaşılırsa, ona göre bir yol izlenebilir.

Dahası, okulda başarısız olması hayatta başka alanlarda başarısız olacağı anlamına gelmez. Okumada güçlük çekiyordur ama belki içinde bir Picasso veya Fazıl Say yeteneği vardır. Belki evinizde geleceğin olimpiyat şampiyonu yaşıyordur, ama siz spor yeteneğini bilmediğiniz için Türkçeden düşük not aldı diye başının etini yiyorsunuzdur! Bir yandan çocuğunuzun başarısızlığının nedenlerini anlamaya çalışırken, diğer yandan hangi alanda potansiyeli olabileceğini keşfetmeye odaklanabilirsiniz.

Üstelik çocuğun yetenek alanını keşfetmenin başka faydaları da var. Güçlü yanından yola çıkarak zayıf yönlerini geliştirebilirsiniz. Diyelim ki müzikte harikalar yaratıyor, ama İngilizce'de "*Mr. and Mrs. Smith went to the seaside*" cümlesinin ötesine geçemiyor. Bir beste yapmaya, bestesine İngilizce söz yazmaya teşvik edebilirsiniz.

"Gülünden sen sorumlusun"

"Güzelsiniz ama boşsunuz," diye ekledi Küçük Prens. "Kimse sizin için canını vermez. Buradan geçen herhangi bir yolcu benim gülümün size benzediğini sansa bile, o tek başına topunuzdan önemlidir. Çünkü üstünü fanusla örttüğüm odur,

rüzgârdan koruduğum odur, kelebek olsunlar diye bıraktığımız birkaç tanenin dışında bütün tırtılları uğrunda öldürdüğüm odur. Yakınmasına, böbürlenmesine, hatta susmasına kulak verdiğim odur. Çünkü benim gülümdür o."

St. Exupery, *Küçük Prens*

Bazı çocuklar akşam sefaları gibidir. Hayata *silik* bir başlangıç yapıp zamanla herkesi hayrete düşürecek güzellikte açılırlar.

Bunun olabilmesi için de ümitsizliğe kapılmadan destek vermeye, sabırla çabalamaya devam etmek gerekir. En önemlisi de, saygıda ve sevgide kusur etmemek, çocuğa değerli olduğunu hissettirmektir.

Hoş, hiç açmasa bile o sizin biricik çiçeğiniz. Ama bir gün bir bakmışsınız, onca emek verdiğiniz akşam sefalarınız olanca güzelliğiyle açmaya başlamış!

Bir çocuk, belli bir alanda uzun yıllar boyunca düzenli ve bilinçli çalışırsa, başlangıç noktasından çok daha ileriye gider. Ancak gerçekçi olmakta fayda var: Matematik ve fizik çalışmaya Einstein kadar zaman ayıran her çocuk, sonuçta Einstein olmaz, çünkü *doğal yatkınlık* da denklemin önemli bir bileşenidir.

Picasso'yu ele alalım. Ne kadar uğraşırsa uğraşsın, ilkokulda matematiği bir türlü düzelmemiştir. Matematikten öğretmeninin verdiği kopyalarla geçebilmiştir. Picasso ne kadar çalışırsa çalışsın Einstein gibi bir fizikçi olamaz, aynı Einstein'in Picasso gibi bir ressam olamayacağı gibi. Çaba, deha denkleminin olmazsa olmaz bir bileşenidir ama deha sadece çabayla açıklanamaz. Çabayı dehanın tek açıklaması olarak göstermek, ne kadar uğraşırsa uğraşsın belirli bir yere kadar ilerleyebilen çocukları çaresizliğe itebilir.

Dolayısıyla asıl meselemiz, çocuğun hangi alanda daha yüksek potansiyeli ve tutkusu olduğunu ortaya çıkarabilmek, ardından onu o alanda desteklemek olmalıdır. Picasso, ressam olan babasının da desteğiyle, resme olan tutkusunu ve doğal yatkınlığını erken dönemde keşfetmiştir. Matematik öğretmeninin onu sınıfta bırakmak yerine kopyayla geçirmesi bile üzerinde düşünmeye değer bir davranıştır. Yüzeyde etik dışı görünen bu davranış, hayatının olumlu yöne sapmasına çok önemli bir destek sağlamış olabilir.

Eğitim sistemi, çocuğun kendini gerçekleştirmesine, yani olabileceğinin en iyisi olabilmesine nasıl katkı sağlayabileceğine kafa yormalıdır. Daha sağlıklı, mutlu ve başarılı kuşaklar ancak bu şekilde yetişir.

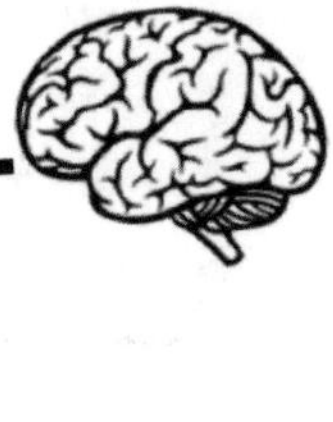

ÇOCUĞUNUZUN KOLLARI VE BACAKLARI OLMASAYDI NE YAPARDINIZ?

Hayatta başınıza gelen her şeyi kontrol edemezsiniz ama başınıza gelenlerin sizi eksiltmemesine karar verebilirsiniz.

Maya Angelou

Kyle Maynard ismini hiç duydunuz mu?

Kyle Maynard, son 7 yıldır dünyanın beş kıtasında hayat hikâyesiyle insanlara ilham veren başarılı bir konuşmacı*.

New York Times'ın en çok satanlar listesine giren No Excuses (Bahane Yok) kitabının yazarı. Aynı adla açtığı No Excuses Crossfit spor salonunda eğitmen.

ABD'nin en iyi takımlarında güreşen, halterde rekorlar kıran, savaş sanatlarında da başarılı bir sporcu.

Kyle Maynard, kısa bir süre önce de Afrika'nın en yüksek dağı olan Klimanjaro'nun zirvesine tek başına sürünerek tırmanan ilk insan.

"Sürünerek", çünkü Kyle'ın doğuştan kolları ve bacakları yok.

---

* http://kyle-maynard.com/about-kyle/

Bebeğinizin sizi saracak kolları olmasaydı ne yapardınız?

Doğum öncesi dönemde bebeğin yetersiz gelişimden kaynaklanan, ancak nedeni tam bilinmeyen bu duruma tıpta "konjenital ampütasyon" deniliyor. Hatta bu o kadar nadir bir durum ki, bu konuda doğru düzgün istatistik bile yok.

Kyle bu şekilde doğunca anne ve babası adeta yıkılıyor. Yine de, depresyona girmek yerine, benzer durumda kimse var mı diye araştırıyorlar. Benzer durumda iki çocuk buluyorlar. Bu iki çocuğun bir şekilde hayatlarını idame ettirebildiğini öğreniyorlar. Bu onlar için yeterli bilgi. Ne olursa olsun oğullarını bağımsız ve *normal* bir çocuk olarak yetiştirmeye karar veriyorlar.

"Asla seni utandırmayacağım!"*

Babası eski bir güreşçi olan Kyle, spor yolculuğuna 11 yaşında güreşle başlıyor. Annesi oğlunu okul sonrası bir faaliyete yazdırmaya karar veriyor, çünkü kendini eve kapatıp hayata küsmesinden korkuyor. Kyle güreşi seçiyor. Annesi ona zarar gelmesinden endişe duyuyor. Yine de çocuk çok heveslenince güreşe yazdırıyor.

Kyle'in güreş koçu Cliff Ramos diye bir adam. Ramos, 30 yıllık koçluk hayatında çok çocuk görmüş ama Kyle

---

* http://www.mensjournal.com/magazine/there-is-nothing-special-about-kyle-maynard-20131217

onun için bir ilk olmuş. Kyle'in annesi kendisini arayıp durumu anlattığında, onu nasıl kibarca reddedeceğini kara kara düşünmüş. Sonuçta, iki kolu ve bacağı olmayan bir çocuk nasıl güreşsin? "Bacaklar olmadan belki ama bu sporda binlerce yıldır kollar olmadan kazanan tek örnek yok" diye düşünüyormuş. Ama Kyle'ın annesi tam bir çetin ceviz çıkmış. Oğlunun güreşe başlaması konusunda ısrar etmiş.

Ertesi gün Kyle'ı koçun yanına getirmiş. Karşısında kolları ve bacakları olmayan çocuğu gören Ramos, onu vazgeçirmek için göz hizasına gelecek şekilde çömelmiş. Tam o anda, hiç görmediği kadar büyük bir ciddiyetle kendisine bakan bir çift gözle karşılaşmış. Bir kaç gün sonra Ramos ve Kyle güreş antrenmanlarına başlamışlar. Ramos, aynen Kyle'ın durumunu taklit edecek şekilde, iki kolunu tişörtünü içine sıkıştırarak güreşiyormuş.

Kyle kendisine tanınan bu şans için minnettar hissediyormuş. İçinden koçuna iki söz vermiş:

"Asla bir maçta tuş olarak seni utandırmayacağım."

"Koçum olarak sana zafer kazandırmak için tüm gücümle mücadele edeceğim."

İlk yıl, girdiği bütün mücadeleleri kaybetmiş. Tam bir yıl boyunca. Hepsini birden. Okuldan eve her dönüşünde, ailesini ve koçunu utandırdığı düşüncesiyle göz yaşlarına boğuluyormuş.

Vazgeçmekten vazgeç!

Yenilgi dayanılmaz hal alıp vazgeçme noktasına geldiğinde, yanında "vazgeçmeyi unut" diyen bir babası varmış. "Adı Maynard olan kimse başarısız oldum diye kaçmaz. Ayrıca ben de ilk yıl bütün maçlarımı kaybetmiştim. Bundan silkinebilir ve devam edersen, sonbaharda daha iyisini yapabilirsin." Kaybetmek konusunda söyledikleri beyaz yalan olsa da, oğlunu motive etmeye yaramış.

Ancak durum ne sonbaharda ne de ikinci yılında değişmiş. Kyle, girdiği çoğu mücadeleyi kaybetmiş. Babasına kızsa da babası olumlu bir tavırla vazgeçememesi için telkinde bulunmaya devam etmiş. Maçları videoya alıp sonrasında birlikte hatalarını izlemişler. Evin bodrumuna inip hataları düzeltmek için durmadan çalışmışlar.

"Tek bir şey için oradaydım: Kazanmak için!"

Bahar geldiğinde liseler arası şampiyona düzenlenmiş. Kyle hafif sıklette şampiyonaya katılmış. Şans bu ya, yarı finaldeki rakibi hastalanmış! O da otomatik olarak finale kalmış!

Yeni rakibi, bölgenin elit liselerinden yetenekli bir çocukmuş. Kyle başlangıç düdüğüyle birlikte çocuğu yere sermiş. Bunu hiç beklemeyen çocuk neye uğradığını şaşırmış. Kyle'ı mindere sermek için hamle yapsa da, Kyle çocuğu yine mindere sermiş!

Kalabalık ayaklanmış, salon çılgınca tezahürata başlamış! Kyle çocuğu tam sekiz kez yere sermiş! En sonunda hakem kolunu kaldırmış. Kolu olmayan Kyle'ın kol kökünü havaya kaldırarak şampiyonluğunu ilan etmiş.

"Tribünlere baktım. Ailemi, birbirine sarılan kız kardeşlerimi, büyükannemle büyükbabamı gördüm... Daha önce hiç hissetmediğim bir duyguydu. Ben sadece güreşmek ya da engelli çocuklara model olmak için orada olmadığımı biliyordum. Hayır, bir tek şey için oradaydım: Kazanmak için! Bunun için varımı yoğumu ortaya koymaya hazırdım." Kyle zafer anını böyle hatırlıyor.

O sezon 36 maç kazanmış ve en son sezonda eyalet şampiyonlarını da yenmiş. 2004 yılında En iyi Engelli Atlet Ödülünü almış. 2007'de de "En Başarılı 10 Genç Amerikalı"dan biri seçilmiş.

Bahanem yok!

Engel tanımadan koşulsuz sevgiyle destek veren anne baba. Ailesi ve öğretmeninin desteğiyle azimle mücadeleye devam eden, sağlam iradeli bir çocuk.

Kyle Maynard bugün rahatlıkla okuyup yazabiliyor, araba kullanabiliyor ve Atlanta'da kendine ait evinde tek başına yaşamını sürdürüyor.

HBO Spor muhabiri Bernie Goldberg, "Kyle, şikayet etme hakkımızı elimizden aldı" demiş. Gerçekten de, bu hikâyeyi ilk duyduğum andan itibaren ne zaman bir şeyden şikayet edecek olsam, kolları ve bacakları olmadığı halde Klimanjaro'nun zirvesine tırmanan bir adam aklıma geliyor.

Bahanem yok!